POLITIQUES *ET* INTERVENTIONS *SOCIALES*

Collection dirigée par
Cristina **De Robertis**
Éliane **Leplay**
Henri **Pascal**

les méthodes nouvelles d'assistance

Le service social des cas individuels

Mary E. Richmond

Préface de Brigitte Bouquet

POLITIQUES *ET* INTERVENTIONS *SOCIALES*

2002
ÉDITIONS DE L'ÉCOLE NATIONALE DE LA SANTÉ PUBLIQUE

ISBN : 2-85952-809-1 - ISSN 1281-5845
www.editions.ensp.fr

PRÉFACE À LA DEUXIÈME ÉDITION

Brigitte Bouquet,
professeur au CNAM, chaire de travail social

Pourquoi rééditer un livre paru en France en 1926 ? Quel est l'intérêt de l'extraire aujourd'hui du passé ? Près de quatre-vingts ans plus tard, n'est-il pas complètement obsolète ? Pourquoi rechercher les écrits d'une profession née avec le siècle et pourtant encore balbutiante dans sa manière d'intervenir dans le champ de l'entraide sociale ? Ces questions paraissent inévitables et légitimes.

Et pourtant, les responsables de la collection « Politiques et interventions sociales » ont fait le pari qu'aller à la rencontre — voire à la découverte — des savoirs de référence du « service social des cas individuels » n'a pas seulement un intérêt historique. Au-delà des contextes différents et des évolutions rendant certains aspects inévitablement marqués, les principaux savoirs pratiques et méthodologiques exposés dans l'ouvrage de Mary E. Richmond apportent des éléments de réflexion, dont les praticiens d'aujourd'hui reconnaîtront la pertinence et une certaine modernité.

Déjà, le réseau « Histoire du travail social » a consacré une partie de ses travaux au *case work*, partant de l'approche de Mary E. Richmond et recherchant pourquoi elle avait été intégrée si tard par la France, de quelle manière et par qui le *case work* avait été diffusé et comment il s'était évanoui… Ces travaux ont été publiés dans la revue *Vie Sociale*, 1996, n° 4, « À l'aube des savoirs en service social » et 1999, n° 1, « Éléments pour une histoire du *case work* en France (1945-1970) ». Avant ces recherches, la même revue (1988, n° 5-6) avait publié une étude sur « La première conférence internationale de service social de juillet 1928 », dans laquelle on trouve, parmi de nombreux articles, celui portant sur les *social surveys* américains marquant le lien entre le travail social et la recherche.

Cette fois-ci, avec la réédition de l'ouvrage de Mary E. Richmond, nous offrons au lecteur la possibilité d'aller à la source et de prendre la mesure de certains fondements du service social. Pour l'aider dans cette démarche, nous rappelons brièvement l'aventure du *case work* français des années 1920 à 1970, puis nous présentons de façon plus conséquente le contexte du *case work* américain et une biographie de Mary E. Richmond. Nous proposons enfin plusieurs regards possibles sur cet ouvrage.

L'aventure du *case work* en France

Est-il encore nécessaire de rappeler que le service social français a sa genèse d'une part dans le courant hygiéniste et, d'autre part, dans le creuset philanthropique et plus largement dans la question sociale ? Il donne ainsi naissance à deux modèles qui coexisteront jusqu'en 1938 : les infirmières visiteuses et les travailleuses sociales. Sa quête de professionnalisation, d'institutionnalisation et de reconnaissance va le conduire à se démarquer de la charité et de la philanthropie. Un de ses premiers actes sera de créer des écoles dispensant une formation recherchant de sérieuses garanties scientifiques, techniques et morales, selon une conception éducative qui leur soit propre et un esprit de plus grande justice sociale. Y sont développées une instruction dite « éclairée » — évoquant souvent « les élites » — et une éducation morale solide. Ces écoles se constitueront en association pour obtenir la reconnaissance d'un diplôme d'État qu'elles auront bien du mal à obtenir. En 1924 en effet, le conseil supérieur de l'Assistance publique le refuse, estimant que « le service social ne constitue pas à proprement parler l'exercice d'une profession ». Il faudra attendre 1932 pour que soit créé le premier diplôme d'État, dénommé brevet de capacité professionnelle, permettant de porter le titre d'assistant ou d'assistante social(e) de l'État français.

René Sand et Paul Armand-Delille

Plus que tout autre, ce sont deux médecins, René Sand et Paul Armand-Delille, qui ont contribué à faire connaître les savoirs de Mary E. Richmond en France, notamment par la traduction en 1926 de *What is Social Case Work*. Tous deux ont largement participé à l'établissement du service social en Belgique et en France.

René Sand est belge. Médecin de santé publique, hygiéniste, il a été secrétaire général du ministère de la santé publique de Belgique et son influence a franchi les frontières, s'étendant à de nombreux organismes internationaux comme la Ligue des sociétés de Croix-Rouge… Mais surtout, il développe les services sociaux et médico-sociaux, et son impact sur le service social est très important. Il est le traducteur de deux ouvrages qui feront référence : *Les méthodes nouvelles d'assistance* de Mary E. Richmond et *L'infirmière visiteuse* de Mary Sewall-Gardner. En outre, il sera l'animateur du comité qui va concevoir et organiser la première conférence internationale de service social, laquelle se tiendra à Paris en 1928. Il est également l'auteur d'un ouvrage conséquent sur *Le service social dans le monde*, publié en 1931…

Paul Armand-Delille (1874-1963), médecin des hôpitaux de Paris, s'est particulièrement intéressé à l'action médico-sociale antituberculeuse menée par le Docteur Calmette à Lille et le Professeur Cabot à Boston (Massachusetts). C'est à la suite d'une mission effectuée aux États-Unis en 1918 qu'il publiera, en 1922,

L'assistante sociale et ses moyens d'action, premier ouvrage français sur le service social. S'inspirant des expériences du *social work* américain et des questionnaires élaborés par Mary E. Richmond quelques années auparavant, Armand-Dellile présente cette nouvelle profession sociale dont la pratique doit s'appuyer sur des « méthodes scientifiques ». Ce premier ouvrage est le point de départ de l'influence qu'il exercera sur le service social jusqu'à la Seconde Guerre mondiale. Membre du conseil supérieur de l'Assistance publique, il fait plusieurs communications remarquées à l'Institut des sciences morales et politiques sur la notion d'assistance sociale, et publie successivement : *Le service social dans les collectivités contemporaines*, en 1929 ; *Traité de service social* (tome 1 en 1939, tome 2 en 1942) ; *Guide de l'assistante sociale*, en 1943. Il est présent dans de nombreuses instances professionnelles : enseignant dans plusieurs écoles de service social, président de l'Association des surintendantes, participant à la première conférence internationale du service social en 1928, membre du Conseil supérieur d'hygiène sociale, président des premières sessions du diplôme d'État d'assistantes sociales institué en 1932, etc.

Ces deux hommes, médecins, humanistes chrétiens, s'efforcent de développer la profession naissante du service social. En faisant connaître en 1926 l'ouvrage de Mary E. Richmond sous le titre *Les méthodes nouvelles d'assistance. Le service social des cas individuels*, ils valorisent les « méthodes scientifiques » et les « techniques nouvelles » de cette praticienne. Il y sera fait largement référence (y compris dans les mémoires des premières diplômées de 1934), sans que soient connues pour autant la méthode et les procédures analysées et développées par l'auteur dans son premier ouvrage de 1917, *Social Diagnosis*, jamais traduit en français. Il aurait pourtant été préférable de connaître ce premier livre, plus pratique, pour accéder pleinement au second ouvrage, plus théorique. Mais rares sont les travailleurs sociaux français qui ont pu effectuer cette démarche.

L'estime qu'il porte à l'œuvre de Mary E. Richmond n'empêche pas Paul Armand-Delille de prendre ses distances, dans sa préface aux *Méthodes nouvelles d'assistance*, tant sur le fond — il regrette « des citations et des discussions qui nous paraissent des hors-d'œuvre » — que sur le contexte culturel : « Rappelons que Miss Richmond n'est pas française et n'écrit pas pour des Français, avec l'esprit synthétique et didactique que nous apprécions au plus haut point. » Il souligne ainsi implicitement qu'elle vient du Nouveau Monde, où les fondations sont puissantes, où le protestantisme est la principale confession et où les travailleurs sociaux appartiennent plus au champ social que médico-social.

Le contexte des années vingt

À l'époque de la parution du livre, le service social français est majoritairement de confession catholique, plutôt médico-social et puise ses références scientifiques dans les travaux de Frédéric Le Play et de son école. Il fait fréquemment référence aux idées de Mary E. Richmond, bien que celles-ci aient été peu mises en œuvre jusqu'aux années cinquante, hormis par quelques personnes comme Marie-Thérèse Vieillot, une des premières Françaises à se voir allouer une bourse d'études pour suivre les cours de service social d'une université américaine en 1920-1921. Le service social en était aux pratiques empiriques, l'enquête sociale constituant l'essentiel des techniques d'investigation. Cette pratique de base reposait plus sur la procédure (cf. l'abbé Viollet) d'une part et, d'autre part, sur « la technique du cœur humain », sur « le dévouement », « la vocation », « la mission » que sur une véritable conceptualisation.

Deux ans après la publication du livre de Mary E. Richmond en France, en 1928, soit l'année de son décès, se tient la première conférence internationale de service social. L'ordre du jour en est volumineux. Les débats s'organisent autour des thèmes de cinq grandes sections: organisation générale du service social, enseignement du service social, méthode du service social des cas individuels, service social et industrie, service social et hygiène sociale. Tandis que les États-Unis développaient le *social case work*, cette conférence révèle que l'Europe le connaissait à peine. Les discussions témoignent d'un malentendu sur la définition et le sens de cette modalité d'intervention sociale. Enfin, un consensus qualifiera l'aide individualisée de « mouvement basé sur la compréhension des relations et des réactions humaines ». Les ouvrages de Mary E. Richmond pour les États-Unis et du Dr Alice Salomon pour l'Allemagne (le *case work* s'y nomme *Einzelfallhilfe*) sont très peu cités… Ils rencontrent de fortes résistances, dues à certaines conceptions philosophiques et religieuses, au rejet d'une méthode jugée trop étroite ou au fait que certains pays s'inscrivent délibérément dans une approche collective (le socialisme ou une protection sociale avancée comme en Allemagne). Lorsque M. Kellog cite Mary E. Richmond comme exemple de travail d'évaluation d'une pratique qui se perfectionne, et prône la méthode des *surveys*, M. Martin Saint-Léon, dont le modèle est Le Play, rejette la spécificité américaine: « L'Europe se différencie trop de l'Amérique, notre tempérament national se prête mal aux enquêtes faites par équipes. » Il semble bien que la méthode des cas individuels soit surtout acceptée pour l'efficacité de l'individualisation et la systématisation de l'investigation comme base de toute intervention sociale.

Développement et fin du *case work* français

C'est à partir de 1950, année de la conférence internationale des écoles de service social à Paris, que le *case work* se développe dans le service social français. Signalons aussi qu'une école formait en un an des travailleurs sociaux au *case work*: l'école Paul Baerwald, alors installée à Versailles, mais elle eut une durée de vie très limitée en France (1950-1953) et partit s'établir en Israël.

C'est l'ONU qui joue un rôle important, par l'intermédiaire de Miss Marguerite Poheck, en organisant des séminaires de diffusion de cette méthode: à Vienne en 1950, en Hollande en 1951, en Finlande et à Genève en 1952, en Italie en 1953, en Angleterre en 1954. Très vite, des séminaires de langue française sont demandés et se tiennent en 1952 à Genève, en 1953 à Montrouge, en 1956 à Anvers. Si le séminaire de Genève avait posé la question du *case work* à une large audience, celui de Montrouge a en quelque sorte installé le *case work* en France. Celui-ci s'est alors développé parallèlement dans les écoles et dans les grands services.

Il faudra attendre dix ans pour que *l'aide psychosociale individualisée* (appellation française du *case work*) figure au programme officiel des études d'assistante sociale ; encore doit-on remarquer qu'elle est envisagée de façon plus initiatrice qu'approfondie, et qu'elle ne sera considérée comme pleinement acquise qu'après un perfectionnement post-diplôme.

Le développement de la sociologie, le contexte de la décolonisation, les campagnes de l'ONU pour généraliser le développement communautaire, les violentes polémiques dans le milieu professionnel auront partiellement raison du *case work* en France. Après 1968, la cassure apparaît plus nettement et, à partir des années soixante-dix, on peut parler de dissolution du *case work* en France, bien que certains centres de formation continuent à l'enseigner.

Mais, comme nous l'écrivions dans la revue *Vie sociale* (1999, n° 1) : « Quarante ans après son introduction, on peut dire que l'apport du *case work* a laissé une empreinte durable dans la formation et la pratique des assistants sociaux. Malgré les réactions très critiques à l'égard de cette méthode, de ses références théoriques, de son élitisme, ses aspects positifs ont été incorporés dans le savoir et le savoir-faire professionnels. Son contenu a été retraduit, réutilisé et adapté au contexte institutionnel et social français. »

Cette brève synthèse ne donne qu'un aperçu de l'apparition et l'évolution du *case work* en France. (Pour une étude plus approfondie, le lecteur intéressé se reportera à la revue *Vie sociale* déjà citée…) Elle vise à rappeler des éléments permettant une comparaison succincte des situations française et nord-américaine. À cet effet, nous allons développer plus longuement l'aventure du *case work* aux États-Unis qui fut bien différente et marquée par la personnalité de Mary E. Richmond.

Le contexte nord-américain

C'est principalement dans la rationalisation de la charité et de la philanthropie que prend racine le concept d'aide individualisée.

Les premières formes d'assistance individualisée apparaissent vers 1850. Un peu plus de dix années après la guerre de Sécession se font jour les premières tentatives d'institution d'un service social des cas individuels, dans le nord des États-Unis, sous une forme très rudimentaire. Les premiers éléments conceptualisés du *case work* se dégagent dans le dernier quart du XIXe siècle et au seuil du XXe siècle.

Le début du XXe siècle trouve la société américaine en proie au changement, particulièrement en milieu urbain. Le mouvement des *social settlements* se développe, attentif au sort des populations au milieu desquelles vivent les résidents, intervenant sur le voisinage, dénonçant le travail des enfants, les ateliers malsains, les bas salaires, se préoccupant des relations interethniques… Plus que les lieux d'un travail social original, à la frontière entre l'action et la recherche, les *settlements* se présentent comme des « laboratoires des sciences sociales » et prennent parfois un caractère d'expérimentation sociale. Dans le même temps, les *social surveys* se déploient, selon un mode d'investigation scientifique et d'analyse des forces sociales à l'échelon d'un quartier ou d'une ville, participant du mouvement progressiste et réformateur.

Le *case work*, enseigné dès la création des premières écoles de service social — avec une seule approche centrée sur le client et son « relèvement individuel » — suscite des tensions avec le mouvement réformateur des *settlements* et des *surveys* auxquels participent de nombreux travailleurs sociaux. En fait, malgré les divergences de conception et de pratiques, une coopération s'installe entre eux.

La Première Guerre mondiale va amplifier ces évolutions et marquer le travail social américain. Il sera en pleine évolution dans l'entre-deux-guerres.

Mary E. Richmond (1861-1928)

La brève biographie présentée ici est issue de l'ouvrage *The Long View*, publié en 1930, après la mort de l'auteur, par la fondation Russell Sage. Ce livre propose une sélection de ses articles et communications prononcées lors de conférences, et présente quelques éléments biographiques en introduction à chaque partie. En outre, il donne en annexe la liste de ses publications…

Sa jeunesse (1861-1889)

Mary E. Richmond est née le 5 août 1861 dans l'Illinois pendant la guerre de Sécession. Elle passe son enfance à Baltimore (Virginie). Au décès de ses parents, morts très jeunes de tuberculose, elle est élevée par sa grand-mère et sa tante. L'une et l'autre appartiennent à un milieu social peu aisé mais très ouvert. Sa grand-mère l'encourageait à lire, à penser par elle-même et à élaborer ses propres arguments. Par exemple, elle ne cherchait pas à connaître ses amis mais lui demandait comment elle les percevait et ce qu'elle pensait d'eux… Mary E. Richmond assiste également à des discussions très animées sur le vote des femmes, les problèmes raciaux, l'antivivisection et bien d'autres causes qui agitent la société américaine à cette époque. Elle dira en avoir gardé un penchant pour les idées libérales, un esprit incisif, une disposition certaine à l'examen critique, et beaucoup d'humour.

Sa famille n'étant pas favorable aux méthodes éducatives en cours, Mary E. Richmond n'entre à l'école qu'à l'âge de onze ans. Néanmoins, elle avait appris à lire très jeune et, peu surveillée, lisait passionnément tout ce qui lui tombait sous la main (Dickens, notamment, l'a beaucoup marquée).

De manière générale, elle n'a pas bénéficié d'une instruction ni d'une éducation très élaborées mais, comme elle l'indiquera elle-même, son « éducation était continue… » Sa situation d'enfant unique et son entrée tardive à l'école lui causent des difficultés d'adaptation à la vie de groupe, ce qui ne l'empêchera pas de devenir souvent leader dans les jeux et les activités. Au lycée, elle crée un club de littérature classique avec l'appui d'un professeur très apprécié des élèves : elle veille à ce que chaque participant y présente l'étude d'articles parfois difficiles mais librement choisis.

En 1878, à l'âge de dix-sept ans, Mary E. Richmond quitte l'école, munie de son diplôme, et part rejoindre sa tante qui travaille dans une maison d'édition à New York. Elle y est engagée comme secrétaire mais fait aussi fonction, entre autres, de correctrice et de maquettiste. Le soir, après des journées de travail de 12 à 14 heures parfois, elle apprend la sténographie. Elle vit chichement dans une chambre meublée, avec sa tante qui tombe bientôt malade et retourne à Baltimore où elle restera jusqu'à la fin de sa vie, dépendante financièrement de sa nièce. Seule, presque sans amis (assister à des conférences est sa seule distraction), obligée de faire face à cette nouvelle charge avec de faibles ressources, Mary E. Richmond dira de cette période qu'elle fut la plus amère de son existence.

Pendant toute sa jeunesse, Mary E. Richmond vit avec l'idée qu'elle mourra de la tuberculose comme ses parents. Sous-alimentée, craignant d'être atteinte de cette maladie, elle décide un jour de consulter un des plus grands spécialistes de New York tout en le prévenant qu'elle ne peut lui régler ses honoraires. Voyant son état, celui-ci lui enjoint de cesser de travailler et de partir se reposer à la campagne. Elle lui explique qu'il lui est impossible d'arrêter son travail. Il lui prodigue alors des recommandations sur l'alimentation, le sommeil et lui prescrit des exercices respiratoires. Elle suit ses conseils, part s'installer à Brooklyn et profite des traversées en bac pour faire ses exercices. Malheureusement, quelque temps plus tard, elle contracte la malaria et se voit contrainte de quitter New York pour retourner vivre à Baltimore. Après cette épreuve, Mary E. Richmond travaille chez un marchand de journaux puis, en 1888, prend un emploi de comptable-intendante dans une pension.

À l'image de toute son éducation, son éducation religieuse se fait au gré des circonstances. Elle se refuse à accepter quelque dogme que ce soit et tout ce qui ne satisfait pas son intelligence ou son sens de l'esthétique. Elle rejoint l'Église unitaire où elle noue des amitiés profondes. Cette période est pour elle marquée par l'ouverture à la musique et à la philosophie. Elle enseigne à « l'école du dimanche », formant des jeunes de son âge à l'étude des textes de Shakespeare. Son ascendant et son rayonnement y sont remarqués.

Baltimore (1889-1900)

Ses champs d'intérêt s'élargissant et ses capacités se développant, Mary E. Richmond souffre de la monotonie de son travail. Elle apprend par les petites annonces d'un journal que la Charity Organisation Society de Baltimore recherche une assistante-trésorière. Bien qu'elle ne connaisse pas cet organisme, elle s'y présente par une soirée pluvieuse pour une entrevue avec le président. Celui-ci dira plus tard qu'elle avait l'air pathétiquement jeune mais parlait comme un sage. Au cours de cet entretien, Mary E. Richmond comprend les possibilités qui s'ouvrent à elle. L'association est jeune, endettée mais se bat pour promouvoir ses idées. Encouragée par ses amis, la jeune femme accepte le défi. Au cours d'un stage d'une semaine à Boston, elle entre en contact pour la première fois avec des travailleurs sociaux qui tentent d'élaborer les premiers rudiments du *case work*. Elle fait notamment la connaissance de Zilpha D. Smith qui devient son inspiratrice et sa conseillère. De retour à Baltimore, elle prend ses fonctions d'assistante-trésorière, également chargée de la propagande. Confrontée pour la première fois à un défi intellectuel qu'elle relève avec enthousiasme et énergie, elle trouve le temps de s'ouvrir à de nouveaux centres d'intérêt, et notamment d'être membre actif du Myrtle Club, association de femmes travailleuses.

La Charity Organisation Society de Baltimore avait été fondée en 1881 par Daniel C. Gimnan, de l'université Johns Hopkins. Il était secondé par un jeune et brillant travailleur social, Amos G. Warner, qui développait l'assistance décentralisée, l'aide pertinente basée sur une enquête approfondie, le rejet des demandes frauduleuses… Ainsi, la Charity Organisation a pour objectif de s'attaquer aux causes de la pauvreté et de la corruption politique. Elle promeut la coopération entre les organismes sociaux et les individus en établissant une relation démocratique, un pont entre les privilégiés et les laissés-pour-compte, entre les riches et les pauvres, notamment à l'aide des *friendly visitors*. Cette conception est acceptée avec enthousiasme par Mary E. Richmond qui, tout en l'adaptant, y consacrera sa vie.

Au printemps de l'année 1890 se tient à Baltimore la National Conference of Charities and Correction, qui donne l'occasion à Mary E. Richmond de rencontrer les *leaders* de ce mouvement. Elle y prononce également sa première communication importante. Le poste de secrétaire général étant vacant en 1891, il lui est proposé en dépit de sa jeunesse, de son sexe et du fait qu'elle n'a pas suivi d'études universitaires. Elle publie alors de nombreux articles, malgré de sérieux ennuis de santé qui la conduisent à l'hôpital. Préoccupée par la formation des *friendly visitors* et *volunteers social service*, elle contribue activement à leur professionnalisation. C'est ainsi qu'apparaîtront successivement les termes de *social worker*, puis de *social case worker*. Consciente des lacunes dans ce domaine, elle développe de nombreuses formations pour les travailleurs sociaux de son mouvement, les recevant chez elle pour de longues soirées de lectures et de discussion. Elle rédige un manuel de formation à leur intention, favorise la création de bibliothèques dans les organismes locaux. À la conférence nationale de Toronto, en 1897, elle prononce un vibrant plaidoyer pour la formation et la création d'écoles de service social. En 1899, elle contribue à la création de la première école à New York.

Philadelphie (1900-1909)

Mary E. Richmond accepte le poste de secrétaire générale de la Philadelphia Society for Organisation Charity dans le but de la réorganiser. Elle est confrontée à de nombreux problèmes mais, sans négliger ses autres activités, elle trouve le temps de pratiquer elle-même le *case work*, pour démontrer l'intérêt de la méthode. Elle contribue à des réformes, notamment en matière de législation sociale sur le travail des enfants. Son objectif est de montrer les besoins, de révéler les carences, puis de susciter à l'extérieur de la Philadelphia Society des modalités d'intervention et une organisation pour y remédier (par exemple, lutte contre les taudis et expérimentation de logements sociaux modèles). Sa démarche consiste à lancer un mouvement, avant de passer la main et de se recentrer sur le *social case work* avec les familles.

Mary E. Richmond n'est allée qu'une seule fois en Europe, en 1903. Au cours d'un voyage avec des amis en Grande-Bretagne et en Écosse, elle allie les activités culturelles à l'étude du travail social (rencontres avec des travailleurs sociaux, visite des *settlements houses*, inspections d'ateliers, sessions avec les comités de district de la London Charity Organisation Society).

Elle participe activement aux National Conferences of Charities and Correction (Havane, Portland, Philadelphie) et devient une figure nationalement connue. Inlassablement, elle poursuit l'élaboration de la démarche du *case work* (qui sera ensuite largement adoptée) et son enseignement. Elle donne des cours notamment à l'École de philanthropie appliquée de New York, à l'université de Pennsylvanie et contribue indirectement à la création de l'école de service social et de santé de Pennsylvanie.

À sa création, en avril 1907 à New York, la fondation Russell Sage devient la principale source de financement des nouvelles professions sociales jusqu'à la Première Guerre mondiale. Elle dotera les quatre écoles de service social existantes : celles de New York, Boston, Chicago et Saint-Louis. Bien évidemment, l'accueil des travailleurs sociaux est très favorable. Un arrangement amical intervient avec la Philadelphia Society for Organisation Charity et Mary E. Richmond est nommée directrice du département de l'organisation de la charité à la fondation Russell Sage.

New York (1909-1928)

Pendant deux ans, elle s'y consacre au même travail qu'auparavant. En outre, trois mois après son arrivée, elle participe au développement de la recherche sociale. Elle entreprend une évaluation de l'action auprès des veuves chefs de famille et de leurs enfants. Les résultats sont publiés en 1913. Le département a également engagé C. C. Carstens — ancien assistant de Mary E. Richmond à Philadelphie — pour mener une étude sur l'administration des pensions en faveur des veuves et de leurs enfants, publiée la même année. Ces études critiques suscitent beaucoup de remous dans l'opinion publique et une division dans le champ social. Mary E. Richmond restera marquée et n'écrira plus une seule ligne sur ce sujet, qui sera repris par d'autres.

Les premières publications de la fondation Russell Sage, dont les auteurs sont les salariés de l'organisation, paraissent dans un bulletin, *Charities and the Commons* (édité jusqu'en 1918). Chaque article devait réaliser un équilibre entre les conceptions du service social et celles du mouvement réformateur, entre l'étude et l'action. Mary E. Richmond y publiait régulièrement des études de cas pouvant servir aux enseignants et étudiants du *case work*.

Par ailleurs, elle continue de donner des cours à Boston, Chicago, New York... Chaque printemps, les travailleurs sociaux formés au *case work* sont invités pendant un mois à la fondation Russell Sage de New York pour débattre de leurs problèmes communs. Mary E. Richmond forme également des assistants de secrétaires généraux d'association, des superviseurs et institue la conférence des superviseurs. Ainsi, elle touche autant les jeunes *social case workers* que les plus anciens. Elle est également administrateur dans de nombreux comités. Bien que très occupée, elle continue de mener une vie culturelle et de voir ses amis artistes (elle reprend des leçons de piano). Sa santé étant très fragile, elle fait restaurer une maison de campagne dans le Castkills où elle séjourne l'été avec des amis de Philadelphie.

En qualité de secrétaire générale, elle avait vécu deux dépressions industrielles, l'une en 1897, l'autre en 1907-1908. La Première Guerre mondiale la met aussi à rude épreuve. Dès l'hiver 1914-1915, le chômage pèse lourd sur les organisations caritatives du pays et leurs ressources sont mises à contribution pour aider à passer cette crise. Le département organise l'échange de rapports entre les différentes sociétés de charité sur la situation des sans-emploi. Mary E. Richmond est souvent consultée, par exemple dans l'étude sur le chômage réalisée par Mayor John Purroy Mitchel, ou par l'assemblée des organisations féminines de New York.

La première phase du travail de Mary E. Richmond au département de l'organisation de la charité à la fondation Russell Sage s'achève avec la publication de *Social Diagnosis*, jamais traduit en français. Elle pensait à cet ouvrage depuis Baltimore et avait, dès 1902, commencé à recueillir les matériaux et les rapports sur les familles aidées auprès de nombreux travailleurs sociaux et de 57 agences. Fin 1912, elle avait rassemblé les trois quarts des situations sociales et commença à les analyser. En 1913, enfin, elle entreprend la rédaction de cette volumineuse étude basée sur 2 800 cas. La conception du livre évoluera, nécessitant une constante révision du plan (Mary E. Richmond découvrira par exemple l'intérêt d'un rappel historique et devra recourir aux conseils de Miss Lucy Salmon, professeur d'histoire au Vassar College). Après avoir d'abord pensé à intituler cet ouvrage *First Steps in Treatment*, Mary E. Richmond choisit définitivement le titre *Social Diagnosis* en 1916 et le volume est mis en vente en mai 1917. Ce livre est conçu comme un classique incontournable de technique professionnelle et il le restera longtemps. « Il est certain qu'aucun ouvrage sur le service social n'avait suscité le respect des autres professions comme *Social Diagnosis.* » (*The Long View*, p. 284). Mais Mary E. Richmond le considère comme un commencement et veut le prolonger par un autre ouvrage.

Depuis le début de la Première Guerre mondiale, dont elle suit attentivement les événements, Mary E. Richmond est en accord avec la politique de non-intervention du président Wilson et redoute la déclaration de guerre. Elle se sent pourtant très concernée par l'entrée en guerre des États-Unis et souhaite la victoire. Elle n'est pas pacifiste mais éprouve de la sympathie pour les objecteurs de conscience. Assez rebelle dès que les droits de l'homme sont en danger, elle participe à la création d'un comité de soutien aux familles étrangères internées. Désirant que chacun mette ses capacités au service de la Nation, elle veut mettre le *case work* au service du plus grand nombre et notamment des familles de soldats et de marins. Elle invente le nom de *Home Service* pour ce travail national : ce sera sa première contribution à la Croix-Rouge américaine. En juin 1917, elle entreprend de rédiger un opuscule de 36 pages pour le *Home Service*, publié par la Croix-Rouge. Elle y voit l'occasion d'exposer, dans le langage le plus simple possible, pour une large audience, les principes essentiels et les méthodes du *case work*. Ce travail aidera et influencera énormément les nouvelles sections du *Home Service*.

La paix revenue, l'organisation imbriquée de la Croix-Rouge et du service social est donc en place. Plusieurs dirigeants s'apprêtent à engager un ambitieux programme social et de santé mais Mary E. Richmond s'y oppose. Elle y voit une violation des accords tacites selon lesquels les services sociaux n'ont prêté leurs meilleurs éléments que pour répondre aux besoins d'urgence. De plus, elle considère comme inadéquat le projet d'une organisation centralisée et dirigiste du travail social. La controverse n'atteindra jamais le débat public mais elle concrétisera le clivage entre ceux pour qui la Croix-Rouge doit rester une organisation humanitaire intervenant dans le cadre de situations d'urgence et de désastres, et ceux qui veulent continuer à lui donner une place importante dans le programme courant du travail social.

Dans le département de l'organisation de la charité à la fondation Russell Sage, un autre projet se fait jour. Parallèlement aux études en cours, Mary E. Richmond juge nécessaire la parution d'une série de petites brochures à l'intention d'un large public qui commence à s'intéresser aux problèmes sociaux. Elles devront faire autorité sans pour autant être détaillées, être faciles à lire et à comprendre. Onze opuscules paraîtront sur des thèmes tels que *Les mères célibataires*, *Qu'est-ce que l'organisation de la charité ?*, *La famille immigrante*, etc.

Après la parution de *Social Diagnosis*, Mary E. Richmond entreprend la rédaction d'un livre sur le *social case work*, destiné aux volontaires. L'ouvrage avance très lentement. En 1919, elle remanie son projet en raison des évolutions en cours : dégradation du statut des volontaires d'une part, diffusion de la théorie du développement de la personnalité d'autre part. Modifiant son approche, Mary E. Richmond décide de montrer des situations et des méthodes plus complexes, prenant appui sur les points forts du client, appliquées non seulement à la pauvreté mais à toute personne en difficulté. Elle y défend la différence entre assistance matérielle et *case work* et insiste sur le fait qu'ils ne sont pas nécessairement associés. C'est ce livre, intitulé *What is Social Case Work*, publié en 1922, traduit en 1926 en France et aux Pays-Bas, dont nous proposons ici la réédition.

À chaque période de chômage aux États-Unis, Mary E. Richmond est consultée par ses collègues qui en étudient les effets. Lors de la dépression de 1921, Mary Van Kleeck, qui doit faire une communication sur le chômage à la conférence des présidents, contacte Mary E. Richmond qui lui remet un récapitulatif des mesures d'urgence. Insatisfaite du trop petit nombre de travaux sur le chômage, elle engage Philipp Klein pour faire une recherche publiée sous le titre *The Burden of Unemployment* (*Le fléau du chômage*) en 1923.

En tant que lectrice et auteur, elle a le souci du mot juste et lutte contre le jargon professionnel du travail social. Ainsi, elle modifie régulièrement des appellations qu'elle juge obsolètes. Par exemple, elle fait remplacer la *National Conference of Charities and Correction* par *National Conference*. De même, elle fait un éloquent plaidoyer en faveur de *National Conference of Social Workers*, par opposition à une dénomination contenant *Social Welfare* ou *Social Service* ou encore *Betterment Social* (« amélioration sociale »). Elle monte en 1918 un groupe de travailleurs sociaux représentant les différents champs du travail social et le structure en comité d'organisation professionnelle, avec le double objectif de développer une terminologie et un code d'éthique. Ce comité perdure jusqu'à la création de l'American Association of Social Workers, en 1921. Mary E. Richmond gardera toujours un grand intérêt pour l'organisation de la profession. Tout en étant consciente d'un courant d'opposition à ses idées, elle sera candidate une fois à la présidence, mais décédera sans avoir jamais été élue par ses collègues.

En 1919, elle envisage une série de brèves études traitant des relations conjugales et du *social case work*. Elle ne soupçonne pas que sa recherche sur l'application des lois relatives au mariage comportera trois livres et un opuscule, et durera cinq années ! Elle souhaite régulièrement en voir la fin pour revenir à une pratique plus centrée sur le *case work*. Cette recherche aura un grand impact sur l'amélioration de la législation.

Sa santé commençant à décliner à partir de 1918, elle doit passer chaque été sous un climat plus favorable et, à partir de 1920, séjourne régulièrement dans le New Hampshire. Là, elle participe à un groupe composé d'universitaires et de leurs amis, heureuse de cette vie communautaire émaillée de piqueniques impromptus et surtout, le dimanche soir, de rencontres pour des débats informels.

En 1921, elle a le plaisir de recevoir à titre honoraire le diplôme de Master of arts du Smith College, « pour avoir fondé scientifiquement une nouvelle profession ». L'année suivante, elle quitte la fondation Russell Sage. Après 1924, son état de santé s'aggravant, elle travaille de plus en plus chez elle. Elle réduit ses activités professionnelles et de ce fait perd tout contact avec les jeunes travailleurs sociaux qui la considèrent dès lors comme une légende. Toutefois, elle organise sa vie autour de rencontres avec ses vieux amis, *The Talkers*, mettant au programme des thèmes aussi divers que les méthodes de l'histoire, la nouvelle biologie, la vie et les travaux de Faraday et Pupin, la théorie électrodynamique… et elle se passionne pour des biographies…

La dernière tâche de Mary E. Richmond sera de proposer la célébration du cinquantième anniversaire de la Charity Organisation aux États-Unis et de travailler à sa préparation. Alors quasiment invalide, elle fait une communication et reçoit une chaleureuse ovation. Ce sera pour elle la dernière occasion de rencontrer des travailleurs sociaux.

L'année suivante, une tumeur maligne inopérable est diagnostiquée. Elle se rend à la maison de santé de Brighton, dans le Massachusetts, apaisée, prête à la mort. Elle y corrige les épreuves d'un livre dont elle ne verra jamais la parution (*Marriage and the State* publié en 1929, après remaniement du dernier chapitre). Elle meurt chez elle à New York, le 12 septembre 1928.

On lui doit de nombreux articles, conférences et livres dont les plus connus sont :
- *Friendly Visiting among the Poor*, The Macmillan Co, 1899, 159 p.
- *The Good Neighbor in the Modern City*, J. B. Lippincourt Co, 1907, 152 p.

– *Social Diagnosis*, Russell Sage Foundation, 1917, 511 p.
– *What is Social Case Work* Russell Sage Foundation, 1922, 268 p.
– (en collaboration avec Fred S. Hall) *Marriage and the State*, Russell Sage Foundation, 395 p.

Évolution du *case work* nord-américain

Il est nécessaire de replacer le *case work* à l'intérieur des mouvements qui sont en tension dans l'action sociale.

Le *case work* est rattaché au mouvement Charity Organisation, de sorte que Mary E. Richmond est perçue comme conservatrice, alors même qu'à l'intérieur du mouvement Charities elle est considérée parfois comme radicale.

À côté, se situe le mouvement des *settlements houses*, dont Jane Adams est la figure emblématique. Celle-ci se démarque du mouvement Charity Organisation, fondé sur une méthode précise de philanthropie, estimant plus pertinente et intéressante la méthode des *settlement houses* (voir note p. 105). Elle regrette que les travailleurs sociaux se perdent en détails, et de façon obsessionnelle, sur les problèmes de leurs clients au lieu de s'attaquer aux causes de leurs difficultés. De son côté, Mary E. Richmond considère que la méthode des *settlements* donne un aspect « romantique » aux problèmes des clients et délaisse le côté particulier et singulier de leurs situations. Plus, elle estime que chaque réponse doit correspondre à un niveau précis, si petit soit-il, et provoquer un changement.

Parallèlement, le mouvement des *social surveys* met en place des enquêtes mêlant en coopération experts, population et organisations locales et propose des analyses des problèmes sociaux dans un but éducatif et mobilisateur. Il plaide la cause des *social experts*, souligne leur démarche pluridisciplinaire (qui comporte l'éthique du *case work*, dégageant en priorité la dimension humaine des problèmes sociaux). Participant de ce mouvement, l'Académie des sciences politiques consacre en juillet 1912 un numéro de son bulletin à « l'organisation du travail social ». Durant ces années, également, apparaît le lien entre la recherche sociologique et le travail social, dont « l'École de Chicago » est le prototype (cf. *La tradition sociologique de Chicago*, de Jean-Michel Chapoulie, Seuil, 2001).

Mary E. Richmond tente de ne pas enfermer le *case work*. Elle cherche à le développer en adéquation à son époque ; ses finalités éthiques se diffusent dans les autres mouvements, de même qu'il se nourrira de l'esprit des autres mouvements.

Ainsi, elle caractérise trois phases du *case work*. Progressivement, à la première conception du face-à-face avec le « client » en vue qu'il se prenne en charge économiquement, se substitue l'idée de l'importance de la relation de soutien et de traitement. C'est ce que Mary E. Richmond appelle la deuxième dimension du *case work*. Cette introduction psychologique implique que le client utilise de manière active ses propres capacités et ressources pour modifier sa situation. Cela nécessite, entre autres, qu'il y ait ouverture sur l'environnement proche. À une vision de la famille comme « unité de service économique » s'est substituée celle d'une « unité sociale primaire » composée d'interrelations entre parents et enfants. Cette conception prend en compte la dynamique des rapports sociaux et tient compte des relations sociales du « client ». Au moment de la parution de *What is Social Case Work*, Mary E. Richmond estime que le *case work* en est à sa troisième dimension, car il s'occupe d'un groupe plus diversifié que la famille et ne se borne plus aux bénéficiaires de secours.

Les années 1930-1940 marquent une nouvelle évolution du *case work*. Si pour certains le *social case work* a été peu marqué par la psychanalyse, d'ailleurs confondue avec la psychothérapie, pour d'autres au contraire il a été influencé par elle. Deux écoles se développent : le modèle diagnostic — représenté par l'école sociale de la Columbia University — s'appuyant sur la psychanalyse freudienne, la psychopathologie et la psychiatrie clinique ; et l'école fonctionnelle, s'inspirant de Otto Rank, disciple dissident de Freud, à Philadelphie. De la psychanalyse, le *social case work* a retenu certains aspects, notamment l'importance donnée à l'écoute et à la non-intervention… On l'a appelé dès lors le *clinical social case work*. Si Mary E. Richmond a marqué le premier quart de siècle, c'est Gordon Hamilton qui marquera cette période d'avant la Seconde Guerre mondiale par la publication de son ouvrage en 1940, *Theory and Practice of Social Work*. Elle y montre, avec d'autres mots que ceux de Mary E. Richmond, comment interpréter les faits pour une meilleure compréhension du client, et comment formuler un diagnostic social.

De l'après-guerre aux années 1960, le *case work* intègre les principes de la réforme sociale. Helen Harris Perlman, à l'école sociale de l'université de Chicago, écrit en 1957 *Social Case Work. A Problem-Solving Process.* Elle lie les concepts et méthodes du diagnostic et de l'approche fonctionnelle et les intègre dans la théorie basée sur les principes de « l'ego psychology ». En liant les concepts de ces deux paradigmes, elle permet de dépasser leur dichotomie et fait évoluer les idées et la méthode du *case work* clinique. De son côté, Florence Hollis étudie les éléments procéduraux du traitement et espère ainsi développer une typologie de la pratique du *case work* rendant les praticiens capables de sélectionner plus rationnellement la diversité des techniques du *case work*. Dans cette démarche qui avait déjà été entreprise dès 1921 par Virginia Robinson, elle inclut les nouveaux apports et une plus grande rigueur scientifique. Son ouvrage, publié en 1964, *Case Work : a Psychology Therapy*, marque ainsi une autre évolution du *case work*.

En 1972, Florence Hollis se retirant, Carol Meyer assume le rôle de doyenne de la pratique du *clinical social case work*. Les années 1970 voient fleurir la théorie systémique, les concepts écologiques des relations organisme/environnement, leur interaction. Carol Meyer les incorpore au *case work* et publie en 1983 *Clinical Social Work in the Eco-Systems Perspective.*

Selon les Québécois, le *case work* — devenu intervention sociale individuelle en travail social — recouvre actuellement quatre grands courants de pensée : le courant psychodynamique, le courant sociobehavioriste ou de socialisation, le courant systémique et le courant de la libération ou de l'anti-oppression.

On voit donc qu'aux États-Unis, le *case work* a évolué en fonction des sciences sociales et comportementales alors qu'en France, il a suivi un cheminement particulier, se référant peu aux auteurs reconnus du Canada et des États-Unis. En France, dès les années 1970 (malgré les efforts de Mathilde Du Ranquet publiant, entre autres, en 1981, *Les approches en service social* et en 1983 *Recherches en case work)*, on ne parlait plus officiellement du *case work*, il s'était dilué dans les pratiques des travailleurs sociaux.

Diverses lectures de *What is Social Case Work*

« Savoirs du passé… savoirs dépassés ? » titrait un passage de la revue *Vie Sociale*. Or, toutes les composantes du processus méthodologique aujourd'hui familières au service social sont formulées dans l'ouvrage de Mary E. Richmond, du diagnostic au traitement social. Il y a donc une certaine permanence, une certaine continuité que le lecteur pourra redécouvrir avec intérêt.

La démarche de démonstration du *case work*

La méthode clinique est la caractéristique de *What is Social Case Work*. Au départ, Mary E. Richmond se réfère au livre de Hellen Keller, publié en 1903 et dont le titre français est *Hélène Keller, histoire de ma vie : sourde, muette, aveugle*. Elle estime qu'il est une admirable préparation au service social des cas individuels et parle de « travail social inconscient » de la part de Miss Sullivan, l'éducatrice d'Helen Keller. Celle-ci prend en compte la personnalité de son élève, s'appuie sur ses potentialités et mobilise l'une après l'autre toutes les ressources de l'entourage ; elle libère son élève.

Comme l'indique Mary E. Richmond, le but du livre n'est pas de donner la méthode mais de « rechercher *ce qu'est* le travail social des cas individuels et *pourquoi* on y a recours » (p. 17). Elle le définit ainsi : « *Le service social des cas individuels est l'ensemble des méthodes qui développent la personnalité en rajustant consciemment et individuellement entre eux l'homme et son milieu social* » (p. 48). Cette définition est provisoire, dit-elle, jusqu'à ce que d'autres découvertes viennent la supplanter…

Selon Mary E. Richmond, pour que le *case work* soit pratiqué correctement, trois conditions doivent être réunies. Il doit :

– être pratiqué par des personnes compétentes,

– porter sur les cas difficiles nécessitant une intervention prolongée et intensive,

– être accompli dans une indépendance relative et sans restrictions « arbitraires ». De ce fait, elle exclut les assistantes sociales travaillant en étroite collaboration avec d'autres professionnels (médecin, juge, etc.) qui subissent trop de contraintes à ses yeux.

Partant de la description de six situations sociales traitées par des assistantes sociales qui mènent une action intensive et prolongée allant de deux ans minimum à six ans, Mary E. Richmond structure son analyse en deux parties « qui s'interpénètrent mutuellement », — « compréhensions » et « actions » (p. 49) :

a) Compréhension : de l'individualité et des caractéristiques personnelles d'une part ; des ressources, des dangers et des influences du milieu social, d'autre part.

b) Action directe de la mentalité de l'assistante sociale sur celle de son client d'une part; action indirecte exercée par le milieu social, d'autre part.

Nous laissons de côté la mise en exergue de cette analyse que le lecteur connaît déjà ou qu'il découvrira, car il nous semble intéressant de faire ressortir maintenant divers aspects apparaissant indirectement dans cet ouvrage, qui sont moins relevés, et dont les questions semblent toujours aussi actuelles.

Les valeurs au fondement du *case work*

Il n'est pas question ici de synthétiser de façon exhaustive l'ensemble des valeurs mentionnées dans cet ouvrage, mais de mettre en exergue quelques-unes d'entre elles.

La « démocratie » est au cœur de l'ouvrage de Mary E. Richmond. Toutefois, elle lui donne un sens autre que celui d'une forme organisationnelle de la société.

– C'est avant toute chose une valeur spirituelle et sociale indispensable, que doit posséder toute assistante sociale qui pratique le service social des cas individuels. Les travailleurs sociaux doivent porter « dans leur cœur la conviction spirituelle de la valeur infinie que représente notre caractère commun d'êtres humains » (p. 117). La démocratie est ici ce qu'on appellerait aujourd'hui l'humanisme.

– C'est ensuite une pratique. Ainsi, explique-t-elle, la démocratie « est une habitude quotidienne [...] la méthode par laquelle on arrive à la compréhension d'un client et à l'élaboration, en conférence avec lui, d'un programme auquel il participe, est par essence une méthode démocratique » (p. 82).

– C'est enfin un mode d'action de l'État qui doit « traiter les choses inégales d'une manière inégale ». La « justice » est la « démocratie de l'avenir ». Dans notre langage contemporain, on parlerait de discrimination positive. « Aucune loi, si bien conçue qu'elle soit, aucune procédure administrative si bien ordonnée qu'on la suppose, ne peuvent réaliser une justice essentielle si l'administration ne recourt pas à des adaptations faites au cas par cas. » (p. 98).

– Une autre valeur corollaire de la démocratie est la contribution du travail social au progrès, l'évaluation des résultats devant se faire au regard du « bien permanent de l'individu et de la société » (p. 44).

Mary E. Richmond énumère aussi les valeurs qui doivent concrètement conduire l'action du travail social auprès des « clients ». Parmi celles-ci :

– Le « respect de la personnalité » : ce terme est pour elle « plus compréhensif » que l'individualité, car il signifie qu'il « nous relie étroitement aux autres » ;

– le développement de chaque individu ;

– la sympathie imaginative : on dirait aujourd'hui l'empathie ;

– la considération de l'Autre par « une déférence instinctive [...] surtout pour les personnalités qui lui sont le plus étrangères » (p. 75). On parle aujourd'hui d'altérité, de droit à la différence ;

– le respect des différents *droits* : « droit d'être placé dans des conditions favorables, droit à un développement complet, droit à la diversité » (p. 72) ;

– la participation ;

– la lutte contre « *l'assistanat* » : « Il est dangereusement facile pour les travailleurs sociaux d'assumer un rôle en somme égoïste et autocratique et de se mettre à l'avant-plan par des actions qui, désintéressées en apparence, forcent leur client à se cantonner dans le rôle passif d'obligés. » (p. 81-82).

Elle met également en garde contre le pouvoir éducatif qui « peut développer la personnalité ou l'amputer » (p. 77), contre le danger du misérabilisme et de la pitié : « Le caractère intolérable des épreuves dont souffrent trop souvent nos semblables, [...] risque d'amener l'assistante sociale à augmenter la somme des souffrances humaines en y ajoutant les maux que cause une pitié débilitante. » (p. 78).

Une finalité importante est aux yeux de Mary E. Richmond d'aborder la personne par ses relations sociales et non par ses liens brisés. Elle regrette que l'on agisse « comme si on avait affaire à une personne ou à une famille échouée sur une île déserte, alors que chacun de nous est entouré d'un réseau de relations dont les unes n'exercent plus d'influence active, dont d'autres, encore agissantes, peuvent être dérangées ou détruites par une immixtion maladroite, dont d'autres enfin seront toujours opérantes, quelle que soit la décision à laquelle on s'arrête » (p. 64). Aujourd'hui, il s'agit du lien social qu'il faut restaurer, développer...

Elle mentionne la valeur de ce qu'on appelle de nos jours la pédagogie de la réussite. Il s'agit de « prodiguer des éloges à chaque progrès » (p. 37), de poser des « actes susceptibles de stimuler ces qualités » (p. 22), de pratiquer « l'encouragement donné avec une persévérance et un discernement infinis » (p. 38), de ne jamais décourager les initiatives, « de découvrir et libérer ce qu'il y a de meilleur et d'unique dans chaque individu » (p. 75).

Enfin, soulignons que Mary E. Richmond rappelle plusieurs fois que l'interrogation sur le sens doit être constante (p. 60). Ceci fait écho à la quête de sens actuelle, tant de la société que du travail social.

Le « client »

Mary E. Richmond introduit le mot « client », estimant que le terme « cas » est trop rattaché à la médecine et se réduit bien souvent à une maladie et non à une personne souffrant de maladie. C'est cette position éthique et de distanciation identitaire par rapport au médical, à laquelle s'ajoute la logique d'un service social professionnalisé sur le modèle des professions libérales, qui amène dans son sillage l'idée de clientèle. Le terme « client » sera repris internationalement et se répandra dans tout service social ; et ce d'autant que le travail social revendique de partir de la « demande » des personnes. Plus tard l'usage de ce terme sera conforté épistémologiquement par Carl Rogers, qui l'emploiera dans la relation d'aide psychothérapique, justifiant le choix de ce terme par sa signification symbolique de liberté.

Néanmoins, le sens du terme « client » a été peu compris par les partenaires et a mis mal à l'aise les travailleurs sociaux. Progressivement, dans le service social français, le terme « client » a été remplacé :

– soit par le mot « usager », signifiant par là que le travail social est un service d'utilité publique, qui assimile les personnes s'adressant à lui à toutes celles qui requièrent un service public ;

– soit par le terme plus réducteur de « bénéficiaire », centrant la demande de la personne sur des prestations et montrant une conception étriquée et instrumentalisée du rôle du service social.

Aucun de ces termes n'apparaît satisfaisant car ils gomment la dimension de la personne Sujet et Acteur.

La place du *case work* au sein du service social

Mary E. Richmond ne cesse de rappeler que le service social comprend un ensemble de méthodes qui s'articulent entre elles et parle d'un service social des cas individuels « fragmentaire si on le détache de l'ensemble du service social dont il ne forme qu'une partie » (p. 54). Il y a bien complémentarité, interdépendance, « action réciproque que les différentes formes du service social exercent les unes sur les autres » (p. 85).

Par rapport aux autres professions, elle reconnaît que si « l'intervention duelle en travail social désigne surtout des habiletés, des études et des techniques, alors, toutes les professions d'aide font du travail social » . Mais, ajoute-t-elle, « le spécifique du travail social individuel n'est donc pas de bien écouter, de bien refléter, de bien confronter et de bien paraphraser ; c'est la signification que nous accordons aux problèmes de la personne, le fait que nous les considérions dans le contexte social de la personne et les buts que nous poursuivons par nos interventions, le soutien de la personne et l'obtention des ressources dont celle-ci a besoin pour agir sur son environnement qui définissent la spécificité de la pratique individuelle en travail social par rapport à celle des autres professions ». Le fait d'aborder l'individu par ses relations sociales constitue bien la spécificité du service social.

Incompréhension de la professionnalité, difficultés institutionnelles

Comme le travail social débute par des services souvent « très humbles » mais qui permettent « d'affermir les relations personnelles de l'assistante sociale et de son client » (p. 51), cette apparente banalité est trompeuse. Or la professionnalité, dit Mary E. Richmond, est « la combinaison de l'ensemble ». Elle est impossible sans formation préalable. « On fera donc fausse route en refusant de reconnaître l'importance du service social, qui développe les dons naturels par une formation et une expérience spécialisées. » (p. 8). Cela différencie le service social du bénévolat car « ce n'est pas avec plus de dévouement, c'est avec plus de clairvoyance [que l'on doit agir en situant l'action] dans les fins sociales » (p. 115).

Mary E. Richmond déplore à plusieurs reprises le volume de travail trop considérable des assistantes sociales qui ne peuvent « par conséquent accomplir [leur travail] de façon satisfaisante » (p. 95). Elle parle même « de qualité inférieure » qui ne conduit pas à des résultats permanents (p. 116). Elle suggère de « libérer de certaines besognes secondaires des travailleurs sérieux et dévoués, doubler leur utilité en diminuant de moitié leur travail présent » (p. 118). Ces propos sont malheureusement d'actualité.

Enfin, elle souligne l'infériorité du service social face aux professions établies de longue date et organisées (tribunaux, médecins) dont les « membres possèdent une mentalité professionnelle spéciale » (p. 101). Bien que le contexte soit actuellement différent, cela fait écho au sentiment de dévalorisation qu'éprouvent aujourd'hui bon nombre de travailleurs sociaux. Mary E. Richmond recommande d'y parer en étant « en possession de connaissances solidement établies, tant du point de vue des principes du service social que de sa technique » (p. 101). On parle actuellement de qualification et de compétences…

Rapport du service social avec le secteur public et privé

Mary E. Richmond appelle les assistantes sociales à être une force de proposition, à la créativité : « Elles doivent prouver leur dévouement au bien public en poussant de toutes leurs forces à la création des œuvres destinées à combler ces lacunes » (p. 54). Elle estime que chacune des branches de l'action sociale doit considérer comme l'un de ses buts principaux le renforcement de l'action des services publics. Elle demande aux travailleurs sociaux d'être « les témoins fidèles de la nécessité des réformes sociales » (p. 106), de fournir les arguments pertinents permettant des réformes sociales par la législation sociale et leur rappelle qu'ils ne pourraient « pas aller très loin dans leur travail, sans l'aide de la législation sociale » (p. 108). Cela rejoint le vœu actuel des travailleurs sociaux de participer à l'élaboration des politiques publiques ainsi que l'appel à leurs capacités d'expertise par les employeurs…

Mais Mary E. Richmond y met des conditions : « Si l'on met une hâte inconsidérée à se diriger dans cette voie et à faire reprendre par le gouvernement les tâches spéciales du service social, il pourrait ne nous en rester finalement que la forme, sans le fond » (p. 116). Elle recommande aux services publics de donner une « assurance de continuité dans les méthodes suivies et quelques garanties d'indépendance vis-à-vis des partis politiques » (p. 117). De même par rapport au secteur privé, elle pense que pour pouvoir attirer les travailleurs sociaux d'élite, il faut leur accorder « une représentation plus large dans les conseils d'administration » (p. 117). Enfin elle en appelle à la coordination et à la coopération nécessaires entre organismes et professionnels intervenant sur une même famille.

Recherche sociale

Mary E. Richmond est convaincue que la recherche sociale est indispensable et qu'il faut la développer. Mais cela n'est pas seulement le fait des chercheurs. Cela concerne le praticien à qui elle conseille de noter systématiquement les évolutions du traitement social, de rendre compte des méthodes employées et des observations sur lesquelles les méthodes sont basées. Elle estime que cela peut servir autant à l'action et à la formation qu'aux statistiques.

Les recherches sociales, dit-elle, permettent d'une part « de prendre connaissance des découvertes accomplies », d'autre part « de rassembler les faits connus » et « de les réinterpréter» (p. 106). Mary E. Richmond est d'ailleurs plus proche de la science sociale que de la pédagogie, de la psychologie ou de la théologie. On note que ses références sont puisées à l'université (Yale, Princeton, Chicago, Oxford) et que les auteurs cités sont principalement Huxley Thomas, Baldwin, Hocking, Adler, Ross, Abott, Park et Burgess...

Ce discours garde toute son actualité, alors même que la loi contre les exclusions et le schéma national de formation prônent le développement de la recherche sociale.

Conclusion

La lecture de cette traduction de *What is Social Case Work* incitera le lecteur, nous l'espérons, à se saisir de réflexions posées dans un contexte déjà lointain pour comprendre ce qu'il vit au présent.

L'approche individualisée est trop souvent perçue comme duelle. Un peu partout dans le monde, on tend à réduire le travail social à une individualisation des effets des problèmes sociaux. La personne est trop souvent perçue comme un problème à traiter et l'intervention sociale comme une série d'opérations mécaniques instrumentalisées par des politiques sociales et des dispositifs. Le risque est grand de contribuer à l'objectivation et à la normalisation des personnes et de réduire le travail social à un critère unique d'efficacité technique.

Or, la perspective du travail social telle que la pionnière Mary E. Richmond l'a posée, telle qu'elle s'est développée et enrichie depuis, considère la relation d'intervention comme une relation intersubjective, un rapport sociopolitique et symbolique, inscrit dans un cadre socio-organisationnel.

Cet ouvrage conforte l'idée selon laquelle :

– D'une part, le sens de l'intervention individualisée est de développer avec la personne un rapport participatif, fondé sur le respect et la solidarité, et de l'aider à (re) trouver son propre sens et ses propres moyens pour faire face à la réalité qui est la sienne.

– D'autre part, le sens profond et les finalités de l'action sont sans cesse à repenser. Quel type de société, de rapports sociaux et de sujet social l'intervention sociale contribue-t-elle à construire ? Il est nécessaire de partir du sens social et collectif que prennent les difficultés vécues par une personne et de les situer dans son contexte familial, dans son environnement social et sociétal. Il s'ensuit que l'intervention individualisée doit s'inscrire dans un ensemble d'actions, de rôles et d'activités d'une portée plus large et collective.

LES MÉTHODES NOUVELLES D'ASSISTANCE

Le service social des cas individuels

PAR

MARY E. RICHMOND

DIRECTRICE DU DÉPARTEMENT DE L'ORGANISATION DE LA CHARITÉ
À LA FONDATION RUSSELL SAGE

Traduit de l'anglais par Mme P. de CHARY et le Dr RENÉ SAND

Préface de M. le Dr ARMAND-DELILLE
MÉDECIN DES HÔPITAUX DE PARIS

PARIS
LIBRAIRIE FÉLIX ALCAN
108, BOULEVARD SAINT-GERMAIN, VIe
1926

PRÉFACE

M. le Dr Armand-Delille

Le Dr René Sand, qui a contribué d'une manière si éminente au développement des services d'hygiène sociale et à l'éducation des infirmières visiteuses en Belgique, et Mme de Chary, une des collaboratrices, viennent d'apporter un précieux appoint à la pratique du service social dans nos pays d'Europe, en portant à la connaissance des lecteurs de langue française le nouvel ouvrage de Mary Richmond.

L'excellente traduction qu'ils publient aujourd'hui de *What is Social Case Work* sera de la plus haute utilité à tous ceux qui, chez nous, s'intéressent aux questions d'assistance sociale, et surtout à ceux qui y travaillent personnellement.

Ce petit volume, qui constitue une sorte de complément et de manuel d'application pratique de la volumineuse étude qu'a publiée Miss Richmond, à la Russell Sage Foundation, en 1917, est consacré à l'étude des principaux *cas* qui peuvent se présenter à l'activité de l'assistante sociale. Son auteur insiste avec juste raison sur l'importance de l'étude des *cas considérés au point de vue de leurs éléments individuels*, par rapport à l'étude des *cas par catégories*, tels qu'elle les a envisagés dans son précédent ouvrage. S'adressant particulièrement aux assistantes sociales, elle montre combien il est nécessaire, pour la solution à donner, lorsqu'il s'agit d'aider un individu isolé ou une famille, de ne pas s'en tenir à des directives par trop théoriques et rigoureuses, mais de faire une étude approfondie des facteurs personnels, familiaux, héréditaires et acquis, et des conditions du milieu où ont vécu l'individu et sa famille. D'autre part, il est essentiel de s'appuyer sur les éléments utiles qu'on peut emprunter à l'entourage familial ou social, pour entreprendre l'œuvre non seulement de relèvement, mais de réadaptation et de rajustement aux conditions normales de vie qui sont indispensables à l'équilibre et au bonheur de la société, pour le présent et encore plus pour l'avenir.

Dans cette remarquable étude, nous avons relevé certains points de vue qui nous paraissent particulièrement intéressants et utiles à envisager, non seulement pour les « travailleurs sociaux » proprement dits, mais pour tous ceux qui se préoccupent de l'amélioration des conditions générales ou individuelles des éléments de la société actuelle.

Il est tout d'abord une considération qu'on se gardera d'oublier, c'est que le cas individuel ne doit pas être étudié avec des données théoriques et des idées trop catégorisées. Le client n'est jamais un être isolé. Il faut, comme nous le disions plus haut, l'envisager dans son milieu familial et social, en tenant compte de tous les facteurs qui ont pu avoir de l'influence sur lui. Pour le réadapter en milieu favorable, dans le travail de reconstruction qu'entreprend l'assistante sociale, on cherchera à utiliser et à modifier en sa faveur tous les éléments du milieu, à moins qu'il s'agisse de conditions exceptionnelles, telles que l'indignité des parents ou l'hostilité pathologique de certains éléments de l'entourage ; ce sont les seules conditions dans lesquelles on envisagera un complet changement de vie et une véritable transplantation.

La famille, comme dit Mary Richmond, et en cela elle se rencontre, de même que sur de nombreux autres points, avec l'abbé Viollet, la famille est la cellule primordiale naturelle sur laquelle il faut s'appuyer pour le travail de réadaptation. On ne peut évidemment demander à l'assistante sociale de faire un véritable travail de psychanalyse (même avec les réserves que l'on peut encore faire sur la portée de cette méthode, parfois très utile), cependant il faut, pour bien connaître le client qu'on doit aider, et pour pouvoir l'aider utilement, être jusqu'à un certain point psychologue, et pouvoir apprécier son fonds mental, ainsi que celui de son entourage. Il est certain que les qualités d'intuition et d'analyse psychologique que possèdent certains directeurs de conscience, certains travailleurs sociaux, peuvent expliquer, en dehors même de leur pouvoir de persuasion et de rayonnement, les succès admirables qu'ils remportent et l'affection reconnaissante dont ils restent entourés de la part de ceux qu'ils ont sauvés.

Au point de vue des conditions néfastes apportées dans certains cas au développement normal du sujet, par son milieu familial et social, mais aussi au point de vue des éléments de relèvement et de réadaptation qu'on peut trouver et développer dans ce milieu familial et social, l'auteur insiste très justement sur ce qu'elle appelle « l'interdépendance humaine », ce qui lui permet de fonder de légitimes espoirs sur le rôle progressivement croissant du service social dans « l'amélioration des conditions d'existence du genre humain », rôle incontestable et qui sera de plus en plus important à mesure que le service social pourra se développer.

Les exemples des *cas* que donne l'auteur et les réflexions que lui suggère son étude sur les conditions du milieu, pourraient être lus avec profit par beaucoup d'autres que les travailleurs sociaux. Non seulement les éducateurs, les philanthropes et les sociologues y seront intéressés, mais bien des chefs de famille, bien des maris, des épouses et des mères pourraient y trouver de précieuses leçons pour la conduite de leur propre vie et l'amélioration des conditions morales de leur milieu et de leur foyer.

L'auteur fait fort bien comprendre le rôle de l'assistante sociale, suivant qu'il s'oppose ou se coordonne avec celui du psychiatre ; ce dernier s'évertue à pénétrer dans la personnalité du malade, tandis que l'activité de l'assistante sociale rayonne vers le dehors : « Lorsque le mal est surtout individuel et mental, on a recours au psychiatre ; lorsqu'il relève du milieu et qu'il prend un caractère social, on fait appel à l'assistante sociale ; lorsqu'il s'agit enfin d'une personnalité déséquilibrée, aux prises avec une situation sociale défavorable et compliquée, il est en général indispensable d'avoir recours et au psychiatre et à l'assistante sociale. »

Dans le même chapitre, Mary Richmond expose des résultats de l'activité de l'assistante sociale que nous avons souvent eu l'occasion de constater nous-mêmes : nous voulons parler de la valeur éducative de son action. Elle montre que dans un cas de réadaptation qui a heureusement abouti, la famille, les proches, la paroisse, les compagnons de travail du sujet et son patron ont tous « appris le jeu ».

Depuis que le service médico-social est introduit dans la plupart de nos hôpitaux, nous avons vu nombre de nos collaborateurs, internes, élèves, infirmières, d'abord indifférents ou même hostiles, eux aussi « apprendre le jeu » et devenir bien souvent des collaborateurs actifs et dévoués de l'assistante sociale.

Nous ne saurions trop recommander à tous les travailleurs sociaux de lire attentivement et de méditer le chapitre qui est consacré au service social des cas individuels à *l'école*, à *l'atelier*, à *l'hôpital* et au *tribunal*. Ils y trouveront non seulement des exemples intéressants, mais surtout des suggestions précieuses sur la manière dont ils peuvent avoir à se comporter dans des cas analogues. Miss Richmond nous met très justement en garde contre une certaine négligence et un certain manque d'adaptation qui nous amènent parfois à « classer » une enquête sans solution, parce que nous n'avons pas pénétré assez avant dans la recherche des éléments nécessaires. Elle signale aussi le danger, pour les assistantes sociales, danger peut-être plus grand en Amérique, mais qui, cependant est bien fréquent, de se nourrir « de formules stéréotypées » en restant trop peu au courant des détails techniques de la tâche qui les attend. Elle insiste sur le fait que la profession d'assistante sociale étant tout récemment créée, il est nécessaire que ceux qui en font l'enseignement, comme ceux qui veulent l'embrasser, s'efforcent de garder l'équilibre entre les tendances spécialisatrices et les tendances généralisatrices.

L'auteur ajoute très justement aussi que si l'État doit encourager et utiliser le travail des assistantes sociales, il ne faut cependant pas qu'il en fasse des fonctionnaires, car celles-ci doivent garder leur indépendance, en particulier vis-à-vis des partis politiques dont l'intervention fausserait les résultats de leur œuvre.

Le livre de miss Richmond ne nous mène pas en ligne droite d'un point à un autre. Il nous promène dans la forêt touffue du service social. À ceux qui seraient tentés de reprocher à l'auteur des citations et des discussions qui nous paraissent des hors-d'œuvre, rappelons que miss Richmond n'est pas française et n'écrit pas pour des Français, avec l'esprit synthétique et didactique que nous apprécions au plus haut point. Dans le domaine social, où les questions sont si complexes, il est difficile d'être schématique, et l'auteur met elle-même en garde contre la schématisation et les « notions stéréotypées ». C'est justement en étudiant les cas individuels avec leurs facteurs héréditaires, familiaux, circonstanciels qu'on peut se rendre compte de la complexité du travail d'enquête, aussi bien que des difficultés à obtenir une solution rigoureuse. Ce doit être une consolation pour l'assistante sociale qui se propose un but idéal dans la solution des cas comme orientation de sa vie, mais qui doit savoir, sans se décourager, accepter des solutions opportunistes et parfois incomplètes. Que les travailleurs sociaux, malgré les déconvenues inévitables, ne se laissent jamais aller au découragement. Dans ce « réseau de relations réciproques » de la vie sociale, il faut s'efforcer d'améliorer la situation matérielle et morale des êtres qui restent tous plus ou moins dépendants, en se disant que tout changement favorable « à l'adaptation meilleure entre l'individu et son milieu social » est un progrès acquis, dans l'éternelle lutte contre les forces mauvaises et désorganisatrices, et que par des répercussions certaines, on améliorera ainsi dans son ensemble les conditions de la vie sociale de l'humanité.

C'est donc un éminent service qu'ont rendu le Dr Sand et Mme de Chary en traduisant cet ouvrage. Nous leur exprimons d'avance la reconnaissance de tous les travailleurs sociaux auxquels la lecture et la méditation en seront des plus bienfaisantes.

P.-F. Armand-Delille

1. INTRODUCTION

On a enseigné avec un réel succès avant qu'il existât une science ou un art d'enseigner ; de même, on a pratiqué le service social des cas individuels bien avant l'époque, encore récente, où l'on a commencé à en formuler les principes et les méthodes. Lorsque les hommes s'aperçurent que leurs rapports avaient cessé d'être primitifs et simples, trouvant, parmi leurs semblables, des êtres spécialement doués pour aplanir leurs relations mutuelles, ils firent appel, lorsque l'occasion s'en présentait, à ces « redresseurs », comme les appelle Samuel Butler. Des éducateurs, des ecclésiastiques, des juges, des médecins ont montré cette aptitude, qui d'ailleurs n'a jamais constitué l'apanage exclusif de ces quatre professions, ni d'aucune d'entre elles en particulier.

Une femme écrivain, dont les nouvelles et les récits mériteraient une vogue plus grande, parle en ces termes de l'un de ses personnages :

> Le Dr Richard possédait, en ces temps d'obscurantisme médical, cette compréhension du caractère, dont l'utilité dans sa profession est plus grande encore que la connaissance de la médecine. Il avait la réputation de diagnostiquer les maladies de l'âme aussi bien que celles du corps. À l'expression de la figure de Hodge, au tremblement de ses mains, il n'apercevait pas seulement, ce qui était facile, à quoi passait son salaire, mais il voyait aussi, confusément, comme dans un miroir obscur, l'influence du moral sur le physique, que peu de ses contemporains soupçonnaient. Il jugea que la couturière humble et craintive qui s'était établie à son compte dans le village, avait plus besoin d'une commande de Mrs Latimer, la châtelaine, que de potions et d'emplâtres. Le lendemain déjà, on le vit gravir en soufflant l'avenue qui conduit au manoir ; il demanda à voir Mrs Latimer, obtint sa parole, qui valait son pesant d'or, qu'elle donnerait sa clientèle à miss Fitten, et de cette façon guérit sa malade[1].

1. Tallentyre S. G., *Bassel, A Village Chronicle*, p. 93, New York, Moffat, Yard and Co, 1912.

Même de nos jours, nous sommes portés à considérer comme un don naturel l'habileté de l'assistante sociale qui parvient à réaliser une meilleure adaptation de l'individu à son entourage. D'aucuns y voient seulement le genre de service que rend un voisin obligeant, mais on ne peut prendre cette théorie au pied de la lettre. Le travailleur social doit posséder à la fois des aptitudes innées et celles que confère la pratique. On fera donc fausse route en refusant de reconnaître l'importance du service social, qui développe les dons naturels par une formation et une expérience spécialisées.

La vie de Laura Bridgman[2], dans laquelle Asa Tenney joua le rôle du bon voisin et le Dr Howe celui de l'éducateur, met en lumière la différence de méthode et de point de vue qui distingue le philanthrope improvisé du spécialiste. Laura, on s'en souvient, était une enfant inculte, à la fois aveugle et sourde, recueillie en 1837 par le Dr Samuel Gridley Howe, un philanthrope de Boston, qui avait fondé l'Institut Perkins pour les aveugles. Pour la première fois dans l'histoire, une aveugle-sourde, devait, sous sa direction, apprendre à lire et à écrire par le toucher seul, et devenir capable de faire œuvre utile de son intelligence et de ses mains. Le Dr Howe heureusement, possédait un tour d'esprit scientifique ; non seulement il sut, par des moyens nouveaux, donner l'essor à une intelligence captive, mais il nota soigneusement au jour le jour les méthodes qu'il employait et les résultats qu'il obtenait. Comme je vais le démontrer tout à l'heure, il jeta ainsi les fondements sur lesquels d'autres allaient bâtir après lui.

J'ai fait allusion précédemment au voisin de la famille Bridgman, un vieillard simple, mais un grand cœur. Quand Laura était petite, il l'avait emmenée faire de longues promenades dans la campagne ; au cours de celles-ci, il lui avait enseigné la différence entre la terre et l'eau, en lui faisant ressentir l'impression de fraîcheur de l'eau qui éclaboussait sa joue lorsqu'elle jetait des pierres dans le ruisseau. Le Dr Howe ayant demandé la permission d'entreprendre l'éducation systématique de l'enfant, le vieil Asa Tenney fut de ceux qui « tournèrent en dérision la supposition que quelqu'un fût plus capable que lui d'instruire Laura. Elle le distinguait entre tous, percevait la différence entre un chat et un chien, une pomme et une pierre, et il prétendait lui enseigner toute chose par les moyens dont il s'était servi jusque-là ».

Le monde a grand besoin de ses Asa Tenney ! L'affection et la bonté ouvrent bien des portes et démêlent bien des fils enchevêtrés. Mais quand nous pouvons leur adjoindre cette connaissance des rouages de l'intelligence humaine et cette science des ressources sociales que possédait le Dr Howe, la force qui consiste à nous aimer les uns les autres se double d'une puissance nouvelle.

En 1886, les parents d'une enfant aveugle et sourde, habitant Tuscumbia (Alabama), s'adressèrent à l'Institut Perkins pour les aveugles, afin d'obtenir une institutrice par son entremise. Le choix tomba sur une ancienne élève de l'Institut, Anne Mansfield Sullivan[3] qui, presque totalement aveugle depuis sa première

2. Howe Maud et Hall, Florence Howe, *Laura Bridgman, Dr Howe's Famous Pupil and What He Taught Her*, p. 34, Boston, Little, Brown and Co, 1903.

3. Actuellement Mrs Macy.

enfance, avait plus tard partiellement recouvré la vue avant de quitter l'Institut, ses études terminées. Au cours de celles-ci, miss Sullivan avait habité le même pavillon que Laura Bridgman, aveugle et sourde. À ses propres études et à l'expérience acquise auprès de cette élève fameuse, miss Sullivan, avant son départ pour Tuscumbia, ajouta, pour mieux se préparer à sa tâche, un examen attentif des notes et des agendas du Dr Howe. Celui-ci avait lancé sa pierre, non comme Laura dans un ruisseau, mais dans des eaux sans rivage, sur lesquelles les ondes allaient se propager en cercles de plus en plus étendus.

Le récit qui va suivre a été fait maintes fois, mais comme il doit servir de préface à l'étude du service social des cas individuels, je désire le présenter sous un jour nouveau.

Helen Keller avait six ans et neuf mois quand miss Sullivan arriva à Tuscumbia. Bien que celle-ci n'ait pas tenu un journal comme le Dr Howe, nous possédons, ce qui est encore plus précieux, à notre point de vue, un recueil volumineux de lettres que miss Sullivan écrivit dans le courant de la première année, presque chaque semaine, à une amie, la directrice de l'Institut Perkins. Dans ces lettres, elle s'attardait moins aux détails concernant l'éducation de son élève (détails suffisamment connus de sa correspondante) qu'à la description des situations nouvelles, souvent d'ordre social, auxquelles elle devait faire face ; elle y ajoutait une analyse très franche de ses propres réactions mentales dans ces circonstances. Ces lettres nous donnent donc un tableau complet, non seulement des événements, mais aussi de la manière dont ils se produisirent : elles nous renseignent à la fois sur la mentalité de l'élève et sur celle du professeur.

Au point de vue éducatif, certaines méthodes de miss Sullivan anticipent sur les systèmes les plus avancés de nos éducateurs contemporains. Considérées au point de vue social, elles ne sont autres, en bien des points, que celles dont fait usage, dans des conditions d'ordinaire moins favorables, le service social des cas individuels. En 1903, encore élève du Radcliffe College, miss Keller publia : *L'Histoire de ma vie*[4], dont la troisième partie contient les lettres de miss Sullivan. J'espère que mes lecteurs, non contents de prendre connaissance de ces lettres, liront l'ouvrage tout entier, car il constitue une admirable préparation au service social des cas individuels. De fait, certains épisodes illustrent à merveille ce qu'on a appelé le travail social inconscient. Nous allons étudier quelques-uns d'entre eux avant de passer aux exemples qui dépeignent les opérations raisonnées des travailleuses sociales professionnelles.

Helen avait été un bébé « ardent et indépendant ». Une maladie, diagnostiquée congestion aiguë gastro-cérébrale, la laissa aveugle et sourde à l'âge de dix-neuf mois. Elle commençait à parler avant cette attaque, mais peu après, « incapable d'entendre, elle cessa de parler. Bientôt elle devint un véritable tyran. Sa mère, son père, les domestiques, les petits nègres qui jouaient avec elle, personne, écrit miss

4. Keller Helen, *The Story of my Life*, New York, Double-day, Page and Co. Traduction française : *Hélène Keller, Histoire de ma vie : sourde, muette, aveugle*, Paris, Félix Juven. La traduction ne contient pas les lettres de miss Sullivan..

Sullivan, n'avait jamais contrecarré sa volonté jusqu'à mon arrivée, sauf, parfois, son frère James ». Les parents donnèrent carte blanche à la nouvelle institutrice.

> Ils m'ont promis de me laisser la main libre et de m'aider autant que possible… C'est, bien entendu, très dur pour eux. Je sens combien il leur est pénible de voir leur enfant, si éprouvée, punie et forcée d'obéir contre son gré. Quelques heures à peine après une conversation au cours de laquelle le capitaine et Mrs Keller m'avaient conféré pleins pouvoirs, Helen refusa obstinément d'employer sa serviette à table. Je pense qu'elle désirait savoir ce qui adviendrait. J'essayai plusieurs fois de lui nouer la serviette autour du cou, mais chaque fois elle l'arracha, la jeta par terre et finit par donner des coups de pied dans la table. Je lui retirai son assiette et me préparai à l'emmener. Son père s'insurgea, disant qu'il n'admettait pas qu'aucun de ses enfants fût privé de nourriture, pour quelque motif que ce soit.

On voit que miss Sullivan avait à gagner plus d'un rebelle. Ceci se passait en mars. Mais, à Noël, elle put écrire :

> … Il était évident que tous, et surtout le capitaine et Mrs Keller, étaient profondément émus en comparant ce Noël joyeux à celui de l'année précédente, auquel la pauvre petite n'avait pu prendre aucune part consciente. Comme nous descendions l'escalier, Mrs Keller me dit, les larmes aux yeux : « Miss Annie, je remercie Dieu chaque jour de vous avoir envoyée vers nous, mais jusqu'à ce matin je ne m'étais jamais rendu compte de la grâce qu'il nous a faite. » Le capitaine Keller me prit la main, incapable de prononcer une parole. Son silence me parut plus éloquent qu'un long discours. Mon cœur aussi était plein de gratitude et de joie solennelle.

Comment s'effectua cette transformation ? Privée des moyens normaux d'accéder au cœur de l'enfant, miss Sullivan avait parlé franchement à Mrs Keller dès leur premier contact, et lui avait suggéré le plan de séparer Helen de sa famille pendant quelques semaines. Il s'agissait « de lui enseigner deux choses essentielles : l'amour et l'obéissance ». Pour obtenir ce résultat, une action systématique et continue était indispensable. Professeur et élève s'installèrent donc dans un petit pavillon situé près de l'ancienne maison des Keller. À ce moment, Helen « était insensible à toutes caresses, hormis à celles de sa mère. Dans cette nouvelle atmosphère, elle se montra d'abord très surexcitée, cria, tapa du pied et tomba finalement dans une sorte de torpeur… Lorsqu'elle sentit que je me couchais auprès d'elle, elle sauta du lit par le côté opposé ».

Le capitaine Keller venait tous les jours, à l'insu d'Helen, se rendre compte des progrès de sa petite fille. Il la trouvait souvent en train d'enfiler des perles ou de crocheter une longue chaîne rouge de laine écossaise ; elle paraissait calme et contente. Un jour, dans le courant des deux semaines qu'Helen passa séparée de sa famille, il amena sa chienne, Belle. L'enfant se rendit compte de la présence de l'animal, et, s'asseyant près de lui, se mit à jouer avec ses griffes. « Nous ne comprîmes pas ce qu'elle faisait, écrit miss Sullivan, jusqu'au moment où nous nous aperçûmes qu'avec les griffes elle reproduisait dans sa main les lettres du mot « p-o-u-p-é-e » : elle essayait d'apprendre au chien comment on épelle ». Sans lui enseigner l'alphabet manuel, l'institutrice d'Helen avait épelé des mots entiers dans la main de l'enfant en lui faisant palper au même instant l'objet correspondant.

Si captivants que soient les passages des lettres dans lequel miss Sullivan décrit les modifications et les développements qu'elle fit subir à la grande découverte scientifique du Dr Howe, je dois me borner ici à décrire la manière dont elle sut se servir de l'entourage d'Helen ; elle mit à profit non seulement son milieu immédiat, mais aussi les occasions que lui fournissaient la vie sociale du village, les animaux de la ferme, la beauté et la variété de la nature environnante.

Pour Laura Bridgman, l'institution où elle avait été éduquée fut son seul vrai foyer ; elle y mourut dans sa soixantième année. Helen Keller, au contraire, était destinée à devenir une citoyenne de l'Univers. Comme on le sait, elle sortit, diplômée, de Radcliffe College[5], écrivit plusieurs livres, s'intéressa à l'éducation des aveugles-sourds et eut la profonde satisfaction d'élargir considérablement le champ de leur activité. Ses efforts ne s'arrêtèrent pas là : elle les prodigua au groupe beaucoup plus étendu de tous les aveugles. Elle se fit aussi le défenseur intrépide du suffrage féminin et d'autres réformes sociales. Miss Keller, cela est évident, était venue au monde avec une nature richement douée, mais elle fut toujours la première à proclamer ce qu'elle devait à miss Sullivan : en donnant à l'éducation de son élève un caractère social, en utilisant la vie elle-même comme son meilleur interprète et en rejetant toute routine, miss Sullivan sut transformer une existence désespérée en une carrière singulièrement heureuse.

Je choisis les brefs extraits qui vont suivre parmi un nombre embarrassant de documents. Le premier montre comment miss Sullivan se servit des animaux de la plantation Keller pour développer l'intelligence de sa pupille ; le second décrit la manière dont elle fit participer toute la maisonnée à sa tâche ; le troisième témoigne de l'habileté avec laquelle elle tira parti d'une fête scolaire ; le quatrième enfin, expose sa compréhension du rôle que pouvait jouer la nature. Très vite elle eut recours aux animaux.

> Elle s'intéresse beaucoup aux petits poussins qui sont entrés dans le monde ce matin à coups de bec. Je lui fis tenir une coquille d'œuf dans la main et elle sentit le « chip chip » des poussins. Il est impossible d'exprimer dans une lettre l'étonnement qu'elle éprouva en découvrant une petite créature vivante dans la coquille. La poule se montra fort accommodante et n'opposa aucune résistance à nos recherches. Outre les poussins, notre famille s'est enrichie de plusieurs nouveaux membres : deux veaux, un poulain et une portée de petits cochons fort drôles. Vous ririez de me voir tenant dans mes bras un petit cochon qui crie, tandis qu'Helen promène ses mains sur lui, en me posant quantité de questions auxquelles il n'est pas toujours aisé de répondre.
>
> Nous rentrons généralement vers l'heure du dîner, et Helen a hâte de raconter à sa mère tout ce qu'elle a vu. *Cette ardeur à répéter ce qu'on lui dit prouve un progrès considérable dans le développement de son intelligence et stimule d'une façon précieuse son désir d'apprendre à parler. Je prie tous ses amis d'encourager Helen dans la voie des confidences et de témoigner autant de curio-*

5. Université pour femmes à Cambridge (Massachusetts).

> *sité et de plaisir que possible au récit de ses menus faits et gestes.* Ceci flatte l'amour-propre de l'enfant et stimule son intérêt pour ce qui l'entoure. C'est aussi la base de véritables relations mutuelles. Naturellement, elle fait encore beaucoup de bévues, intervertit les mots et les phrases, met la charrue avant les bœufs, et s'embrouille désespérément dans un fouillis de substantifs et de verbes, mais il n'en est pas autrement pour l'enfant qui entend. Je suis sûre que ces difficultés disparaîtront. L'essentiel est le désir de raconter.

Il est intéressant de comparer les impressions de miss Keller au sujet de cette année mémorable avec celles de son institutrice. Elle écrit :

> Le premier Noël qui suivit l'arrivée de miss Sullivan à Tuscumbia fut un grand événement. Dans la famille, chacun me préparait des surprises ; mais ce qui m'amusait bien plus, c'est que miss Sullivan et moi ménagions, de notre côté, des surprises à tout le monde. Le mystère dont on s'entourait me charmait et m'amusait au plus haut point. Mes amis se plaisaient à exciter ma curiosité par des allusions et des phrases épelées à moitié qu'ils faisaient mine d'interrompre au bon moment…
>
> La veille de Noël, les enfants de l'école de Tuscumbia eurent leur arbre auquel ils m'invitèrent. Cet arbre, placé au centre de la classe, était tout illuminé et étincelait dans une lumière douce. Ses branches pliaient sous le poids de fruits étranges et merveilleux. Ce fut pour moi un moment de félicité suprême. Je dansai et gambadai autour de l'arbre, extasiée. Lorsque j'appris qu'il y avait là un cadeau pour chaque enfant, je fus au comble du bonheur. Les braves gens qui avaient organisé cette fête me permirent de distribuer leurs cadeaux aux enfants. Le plaisir que j'en éprouvai m'empêcha de m'occuper des miens, mais quand je fus libre de les examiner, il me fut presque impossible de mettre un frein à mon impatience de voir arriver le vrai Noël…
>
> Toutes mes premières leçons furent imprégnées de l'haleine des bois : la senteur fine et résineuse des aiguilles de pin, mélangée au parfum des vignes-vierges… Véritablement, tout ce qui criait, bourdonnait, chantait, fleurissait, avait une part dans mon éducation : les grenouilles au coassement rauque, les cigales et les grillons que je gardais dans ma main jusqu'à ce que, oubliant leur embarras, ils eussent lancé leur note joyeuse ; les petits poussins duvetés, les plantes sauvages, les fleurs du cornouiller, les violettes des bois, les arbres fruitiers en bourgeons… Je sentais éclater sous mes doigts les cocons des cotonniers, je tâtais leurs fibres douces et leurs semences granulées, je percevais le bruissement du vent dans les chaumes, le frémissement soyeux des hautes herbes, et le hennissement indigné de mon poney quand nous allions le chercher dans son pâturage et que nous lui mettions le mors…

Bientôt après, Helen fut mise en contact avec un cercle plus large de relations sociales, d'abord par sa visite à l'Institut Perkins à Boston, plus tard, par ses études à New York et à Cambridge.

> (*Première visite à Boston*). Je ne tenais pas en place un seul instant, et ma vie ressemblait à celle de ces petits insectes dont l'existence entière ne dure qu'un jour. Je rencontrais beaucoup de personnes qui s'entretenaient avec

> moi en épelant dans ma main. Leur pensée bondissait avec une joyeuse sympathie au-devant de la mienne. Un miracle s'était opéré. Les étendues arides qui séparaient autrefois mon esprit de celui des autres s'étaient fleuries comme un parterre de roses.
>
> C'est au collège de Cambridge qu'il me fut donné, pour la première fois de ma vie, de jouir de la compagnie de jeunes filles de mon âge, qui voyaient et qui entendaient. J'habitais avec plusieurs d'entre elles une charmante maison, faisant partie de l'école où avait vécu M. Howells, et nous jouissions de tous les agréments de la vie de famille. Je prenais part à beaucoup de leurs jeux, même à colin-maillard et, en hiver, je m'ébattais avec elles dans la neige. Je faisais, en leur société, de longues promenades. Nous discutions sur nos études ou lisions des choses qui nous intéressaient. Quelques-unes de mes compagnes apprirent à me parler, ce qui évitait à miss Sullivan d'avoir à me répéter leur conversation.

À Tuscumbia, miss Sullivan, n'ayant personne à qui confier ses perplexités, se trouvait livrée à ses propres ressources pour faire face aux problèmes qui se présentaient et les résoudre de son mieux. Mais, dès que son élève put voyager, elle montra une ardeur incomparable à utiliser les avis de personnes compétentes, partout où elle put les trouver. Helen, par exemple, ayant entendu en 1890 citer le cas d'une jeune Norvégienne aveugle et sourde qui avait appris à parler, supplia son institutrice de lui faire suivre un cours semblable. Bien que miss Sullivan redoutât pour elle la déception que pouvait engendrer un échec, elle n'hésita pas et emmena Helen chez un spécialiste de New York, capable de lui enseigner les rudiments de l'articulation. Notant soigneusement la méthode employée, miss Sullivan se mit en mesure de continuer cette éducation spéciale. Sans le génie, la persévérance inlassable et de dévouement de son institutrice, miss Keller n'aurait jamais pu, comme elle le dit elle-même, s'approcher autant qu'elle le fit d'une élocution normale.

Pour l'instruction religieuse, miss Sullivan procéda de même et fit appel à l'évêque Brooks.

> Enfant, j'aimais m'asseoir sur ses genoux, écrit miss Keller, et tenir sa grande main dans une des miennes, tandis que miss Sullivan épelait dans l'autre son admirable enseignement sur Dieu et le monde spirituel. Je l'écoutais avec émerveillement et délices. Mon esprit ne pouvait planer à la hauteur du sien, mais il me fit comprendre la joie de vivre. Jamais je ne l'ai quitté sans emporter en moi une pensée élevée, dont la beauté et la profondeur pénétraient davantage mon esprit au fur et à mesure que je grandissais. Un jour, comme je m'étonnais de la multiplicité des religions, il me dit: « Il y a une religion universelle, Helen, la religion d'amour. Aimez votre Père céleste de tout votre cœur et de toute votre âme, aimez chaque enfant de Dieu autant que vous le pourrez, et rappelez-vous que le bien est plus puissant que le mal; ainsi vous détiendrez la clef du Ciel. »

Nous devons borner là ces extraits: il est tout à fait évident que, la confiance de son élève une fois gagnée, l'absolue franchise de miss Sullivan envers elle fut un de ses meilleurs éléments de succès. Elle s'ingénia à mettre en lumière la ressemblance d'Helen avec les personnes normales de son entourage, laissant dans l'ombre ce qui pouvait lui rappeler son infirmité et faire d'elle un être à part. L'institutrice imposa la même ligne de conduite à tous ceux qui approchaient sa pupille. Voici ce qu'écrit à ce sujet l'éditeur de l'*Histoire de Ma Vie* par miss Keller.

> Aucune tentative ne fut faite par son entourage, soit pour entretenir ses illusions, soit pour les détruire. Tant qu'Helen fut petite, la sage vigilance de miss Sullivan lui épargna maintes remarques imprudentes ou dénuées de tact.
>
> Aujourd'hui qu'elle est grande, personne ne songe à agir vis-à-vis d'elle autrement qu'à l'égard de toute autre jeune fille intelligente.

Résumons en quelques mots cet exemple de service social inconscient des cas individuels, tout en essayant d'indiquer ses similitudes avec le service conscient des mêmes cas, tel que je me propose de le décrire plus tard. Miss Sullivan, cette éducatrice admirable, percevait avec un instinct infaillible la plus grande de toutes les réalités : celle de la personnalité. À travers les infirmités de son élève et leurs effets funestes, elle discerna le caractère exceptionnel de l'enfant. Se basant sur cette découverte et mobilisant, l'une après l'autre, toutes les ressources de son entourage, elle parvint d'abord à libérer, puis à développer, enfin à rendre éminemment sociale, la personnalité d'Helen Keller.

Presque immédiatement, miss Sullivan put négliger le côté négatif de sa tâche. Pour supprimer toute entrave aux progrès de l'enfant, il fut nécessaire de débuter par une leçon d'obéissance ; cette leçon une fois apprise, Helen ne marchanda pas son affection. En vue d'atteindre ce résultat, miss Sullivan renonça aux services d'une gouvernante et s'astreignit aux besognes les plus humbles, prodiguant à Helen tous les soins physiques nécessaires jusqu'au moment où l'enfant put y pourvoir elle-même. L'institutrice donna une autre preuve de sagesse en se révélant trop avisée pour tabler sur une influence qu'elle aurait due seulement à l'obéissance ou même à l'affection. Bientôt elle put faire appel à l'intelligence de son élève, s'aidant de tout ce qui constituait l'ambiance de l'enfant, même des personnes et des choses qui, au début, lui avaient paru autant d'obstacles sur sa route.

Il y a deux sortes de sympathie, d'affection : l'une nous rend forts, l'autre nous rend dépendants et faibles. La sympathie de miss Sullivan *libéra* son élève de cette dépendance en la reliant d'abord dans l'espace, puis dans le temps, aux choses et aux pensées essentielles, à celles qui sont susceptibles de développement. C'est ainsi qu'une des créatures humaines les plus pitoyablement isolées put s'identifier aussi complètement à ce qu'il y a de meilleur au monde.

Je reviendrai souvent au cours des pages qui vont suivre sur le changement de milieu comme remède social, dans le traitement des cas difficiles. Pendant le premier mois de sa tutelle, miss Sullivan se servit de ce moyen avec tant d'habileté qu'Helen put être rendue à son milieu habituel au bout de deux semaines à peine.

Miss Sullivan fournit une autre preuve de son sens intuitif du service social en recherchant les conseils de toute personne dont les connaissances spéciales pouvaient compléter les siennes. Elle montra une humilité pleine de sagesse lorsqu'Helen exprima le désir ambitieux d'apprendre à parler, ainsi qu'au moment où les besoins spirituels de l'enfant commencèrent à s'éveiller. Élevée dans une école où il n'était pas question d'enseigner à parler aux aveugles-sourds, miss Sullivan dut combattre son propre scepticisme et finit par le vaincre. Elle sut reconnaître combien l'instruction religieuse d'Helen représentait un problème à la fois urgent et délicat, et s'adressa à l'un des plus grands apôtres du temps.

Enfin, elle habitua son élève à lui témoigner une confiance absolue, en se montrant digne de cette confiance. Quand, sous le nom d'enseignement, ou de service social, ou sous une appellation quelconque, nous nous vouons au service de la personnalité – d'une personnalité qui n'est pas la nôtre – nous assumons la tâche la plus ardue qui soit.

2. LA PRATIQUE ACTUELLE DU SERVICE SOCIAL DES CAS INDIVIDUELS

Il peut être utile, avant de tenter la description du service social des cas individuels, tel qu'il est pratiqué dans un esprit purement professionnel, d'en donner quelques exemples pour les comparer ensuite à la théorie. Le but de ce petit livre, toutefois, n'est pas de discuter les questions de méthode mais de rechercher *ce qu'est* le travail social des cas individuels et *pourquoi* on y a recours.

À quiconque présente une série d'exemples, on peut toujours objecter qu'ils ne sont pas typiques, surtout lorsque leur nombre est aussi restreint que celui auquel je me suis arrêtée. Voici comment j'ai procédé dans mon choix : après avoir éliminé, au cours de mon examen, les dossiers dans lesquels l'intervention pratiquée n'avait pas été décrite au jour le jour, d'une façon complète, j'ai donné la préférence aux observations sociales individuelles relatant un traitement actif poursuivi pendant une période de deux à six ans. Dans ce groupe j'ai choisi des clients[1] de nationalités différentes. Mes recherches ont porté sur des observations réunies, dans des villes très éloignées les unes des autres, par des œuvres de caractères divers. J'ai exclu toute institution dans l'activité de laquelle l'assistante sociale est subsidiaire à une autre forme de service d'ordre professionnel. À toutes ces restrictions, j'en ai ajouté une dernière, en déterminant comme suit, d'une façon arbitraire, les situations-types que je voulais illustrer :

- Une jeune fille de caractère difficile, mal adaptée à son milieu, mais non anormale.
- Un petit garçon sans véritable foyer.
- Un ménage vivant en mauvaise intelligence.

1. Peu d'assistantes sociales s'occupant des cas individuels adoptent la pratique, en usage chez les médecins, d'employer le mot « cas » pour désigner ceux qui ont recours à leurs services professionnels. un « cas », dans le domaine de l'assistance sociale, est une situation particulière ou un problème social déterminé, et non pas la ou les personnes en cause. Pour distinguer celles-ci du problème auquel elles donnent lieu, on les désigne en général maintenant par le terme « client ». À mesure que la nature des relations existant entre le praticien social et les personnes qu'il traite se sont modifiées, le mot « client » a remplacé dans une large mesure celui de « solliciteur ».

– Une famille dont les enfants, privés de leur père, sont négligés.
– Une veuve inhabile à tenir son ménage et à élever ses enfants.
– Une femme âgée en proie à des difficultés que ses proches ne comprennent pas.

J'ai déjà fait allusion aux observations que le Dr Howe inscrivait dans son agenda alors qu'il traitait Laura Bridgman. Ayant graduellement appris à rendre aux individus et aux familles des services plus éclairés et plus efficaces, les assistantes sociales imitèrent la pratique du Dr Howe et notèrent les développements du traitement qu'elles appliquaient. Au début, leurs tentatives dans ce sens n'étaient guère qu'une chronique assez décousue de leur travail quotidien, mais, peu à peu, elles apprirent à réunir une solide documentation chronologique, rendant compte à la fois des principales méthodes employées et des observations sur lesquelles ces méthodes étaient basées. Un tel dossier ne constitue pas seulement un guide indispensable pour les décisions qui devront être prises ultérieurement à l'égard de l'intéressé ; il peut fournir aussi des matériaux précieux pour la formation de nouvelles assistantes sociales qui se spécialisent dans le traitement des cas individuels ou qui, se préparant à d'autres formes du service social, telles que le travail de quartier, les enquêtes sociales, ou la préparation de réformes sociales, cherchent à mieux comprendre par quelles voies multiples les conditions sociales défavorables affectent la vie individuelle. La valeur de cette documentation ne s'arrête pas là. Soumise à une analyse parfaitement attentive et compétente, elle peut devenir la base d'études statistiques, ou plus souvent encore, servir de point de départ à des découvertes sociales réalisées sans le secours des méthodes statistiques.

Ces diverses utilisations des dossiers sociaux individuels présentent pourtant un inconvénient. Dans toute la gamme des relations professionnelles, il n'en est pas de plus confidentielles que celles de l'assistante sociale avec les personnes ou les familles traitées. Malheureusement, la fiche sociale individuelle révèle bien plus l'identité des personnes dont elle relate les affaires privées que toute autre forme de notes, l'observation clinique par exemple. Ici, toutefois, je n'aurai pas à entrer dans les détails qui seraient nécessaires, si mon but était la formation d'assistantes sociales ou la recherche scientifique. Je me suis confinée dans des limites étroites, mon seul objectif étant de révéler ce qu'est le service social des cas individuels dans ses éléments essentiels. J'ai donc pu, non seulement raccourcir considérablement la relation des quelques observations choisies, mais aussi dissimuler davantage encore l'identité des intéressés, en changeant à dessein bon nombre de détails sans rapport avec les problèmes ou les traitements décrits.

Depuis dix ans, le champ d'activité du service social des cas individuels s'est rapidement étendu. Autrefois, en tant que profession, il se bornait presque exclusivement à aider les dépendants[2] et les délinquants, tout comme les premières caisses d'épargne furent instituées au profit des seuls dépendants et les premiers hôpitaux créés pour les malades pauvres. Mais, de nos jours, le service social des cas individuels est devenu, sous des formes variées, un élément nécessaire de l'ac-

2. Les *dépendants* sont les personnes qui reçoivent de l'assistance publique ou privée tout ou partie de leurs moyens d'existence.

tivité de beaucoup de nos tribunaux, de nos écoles, de nos hôpitaux, de nos usines, de nos ateliers, de nos commissions de réparation des dommages causés par les accidents du travail, et de nombreux organismes dont les décisions affectent l'existence des individus. Néanmoins, dans maintes de ces institutions, l'habitude d'établir des dossiers individuels détaillés n'est pas encore générale, et l'organisation du service social y est tellement récente que le traitement prolongé des mêmes personnes ou des mêmes familles, qui mesure avec le plus de certitude les succès et les échecs, reste l'exception. C'est pour ce motif que, dans le choix de mes exemples, je me suis limitée aux œuvres de protection de l'enfance ou de la famille établies depuis longtemps déjà.

Je crois pouvoir arrêter ici ces explications. Mon dossier choisi, je l'étudiais d'abord en détail. Je conférais ensuite avec l'assistante sociale qui l'avait établi. Après une discussion approfondie, j'écrivais ma version, supprimant un grand nombre de détails et mettant en valeur les plans et le système suivis par l'assistante sociale. Enfin, je soumettais à celle-ci mon travail en lui demandant de le revoir et de le corriger. Peut-être certaines de ces précautions étaient-elles superflues, mais au moins elles m'ont évité de tomber, comme tant d'autres, dans la banalité de récits simplement touchants. Je vais aborder immédiatement la narration des six exemples que j'ai choisis. Si peu pittoresque qu'elle soit, elle mérite d'être lue avec une attention plus soutenue que la discussion qui en découlera par la suite.

Maria Bielowski [3]

Mon premier exemple de service social des cas individuels décrit le traitement social appliqué pendant quatre ans à une jeune fille polonaise, dont s'occupait une œuvre privée qui, sans être parmi les plus importantes, dispose d'assistantes sociales et possède une école pour jeunes filles de caractère difficile, mais non anormales. Lorsqu'elles quittent cette école, les élèves sont généralement placées dans des familles où le personnel de l'œuvre continue à les surveiller attentivement. Avant d'entrer dans cette école, la jeune fille dont je vais raconter l'histoire avait été soumise pendant quelque temps à l'autorité de la déléguée du juge des enfants.

Maria Bielowski n'avait que quinze ans lorsqu'elle devint ouvrière de fabrique. Après maintes discussions avec sa belle-mère au sujet du partage de son salaire et de son habitude de rentrer tard la nuit, elle quitta les siens, logeant dans des chambres meublées et des hôtels à bon marché. C'est de l'un de ces hôtels qu'elle fut amenée devant le juge pour avoir volé quelques dollars à une autre pensionnaire de cet établissement. Au moment de son arrestation, ses traits épais, son air sombre, ses vêtements en loques, souillés de boue et pleins de taches, lui don-

3. Dans tout ce qui va suivre, les noms des personnes mises en cause ont été changés, ainsi que certains détails sans grande importance, qui donnaient des indications trop précises sur l'identité des intéressés.

naient un aspect peu engageant. Sa tête était couronnée de trois mèches de faux cheveux, infestés de vermine, ainsi que l'on s'en aperçut plus tard.

Quels renseignements la déléguée du juge avait-elle recueillis à son sujet ? Deux de ses patrons la signalaient comme une ouvrière peu régulière. On la fit examiner dans un hôpital, et l'avis des médecins fut que ses capacités intellectuelles étaient normales, mais qu'elle présentait un tempérament psychopathique. La famille Bielowski, composée du père, de sa seconde femme et de quatre enfants, avait émigré de Pologne en Amérique cinq ans auparavant. Le père était mort trois ans après leur arrivée, et la belle-mère, une brave femme qui ne connaissait pas dix mots d'anglais, semblait avoir perdu toute autorité sur les enfants. Les deux fils aînés avaient quitté la maison ; le cadet était dans une maison de correction. Maria, que le tribunal venait de déclarer coupable, devait-elle être envoyée dans une institution du même genre ?

Les renseignements d'ordre social obtenus par la déléguée du juge faisaient apparaître comme imprudent de laisser la jeune fille en liberté surveillée dans sa propre famille. D'autre part, sa conduite, avant son entrée à la fabrique, ne semblait pas justifier l'internement dans un établissement de réforme. À l'école elle avait été une élève moyenne ; ne connaissant pas un mot d'anglais au début, elle était parvenue à achever sa septième[4] après quatre ans. De plus, on apprit qu'elle avait fait partie d'une troupe d'éclaireuses et qu'elle y avait joui d'une certaine popularité ; il en avait été de même à l'école du dimanche. Ces faits amenaient à penser qu'une surveillance, exercée avec un maximum d'attention personnelle, pouvait donner de bons résultats. C'est pourquoi la déléguée fit appel à la collaboration de l'œuvre privée dont nous avons parlé et, bientôt après, lorsque Maria eut fréquenté l'école de cette institution pendant quelques mois, une des assistantes sociales de l'œuvre devint, avec le consentement de la jeune fille, de sa famille et du tribunal, sa tutrice légale. Sous cette tutelle, la conduite et le caractère de Maria s'améliorèrent d'une façon constante.

La lecture attentive du rapport original relatif au traitement appliqué, et mes entretiens avec la tutrice m'ont permis de retracer quelques-unes des étapes de la transformation qui s'est manifestée aussi bien dans les habitudes de cette jeune fille que dans ses rapports avec le monde où elle vit. Ce développement s'accomplit graduellement, sans l'intervention d'aucun élément mystérieux ou sensationnel.

Au cours de la première partie du traitement, l'état physique de Maria nécessita des soins attentifs. On désinfecta sa chevelure et on traita ses dents. Rien d'irrégulier n'avait été relevé dans ses mœurs, mais certains symptômes syphilitiques d'origine inconnue ayant été constatés, la jeune fille fut conduite en ville à intervalles réguliers pour y être soumise à une cure dans un hôpital. On remédia également au mauvais état de son nez et de sa gorge. Une incontinence d'urine fut guérie à l'école par la suggestion. Ce phénomène reparut à deux reprises dans le courant de l'année suivante, pendant des périodes de découragement marqué,

4. La septième année d'études primaires.

mais chaque fois il disparut par des mesures amenant une amélioration de l'attitude mentale. Les autres anomalies physiques furent rapidement corrigées.

Ce fut dans la petite école de l'œuvre, comprenant à peine une vingtaine d'élèves, que Maria eut son premier contact avec la vie de famille, telle qu'on la comprend en Amérique. On prit grand soin de lui donner des habitudes de propreté personnelle, elle apprit à tenir sa chambre en ordre, à raccommoder et à laver ses vêtements, à faire la cuisine, à respecter la propriété d'autrui. Aucun objet ne pouvait être emprunté : chaque jeune fille avait son bureau, son placard et ses petits trésors personnels. Au début du séjour de Maria, deux petits gâteaux tout frais disparurent du garde-manger. Chacune des élèves niant les avoir pris, elles furent toutes privées de leur excursion de Noël à la ville. Trois jours plus tard, Maria confessa sa culpabilité à l'institutrice en chef, pour laquelle elle avait appris à concevoir une véritable affection : ce fut sa dernière faute contre l'honnêteté. Un ou deux ans plus tard, une personne qui l'employait à des besognes domestiques la déclara si scrupuleuse « qu'elle n'aurait même pas emprunté un encrier ».

Après qu'elle eut passé huit mois à l'école et terminé les cours de la huitième année d'études primaires, Maria fut placée dans une station estivale, chez une mère de famille qu'elle soulageait d'une partie de sa tâche. À l'automne de la même année, on trouva pour elle une position dans une autre famille, où, en échange de son travail, elle était logée et nourrie tout en ayant la faculté de faire sa première année d'école moyenne. Elle continua ses études moyennes avec succès, ne changeant d'école qu'une fois, lorsqu'elle fut envoyée dans une autre ville, où se présentait la possibilité de la placer dans le ménage d'un professeur polonais. Ce séjour lui valut de nombreux avantages, sans compter le plaisir de se retrouver parmi des compatriotes. Chaque été, l'œuvre qui s'occupe de Maria lui obtint une situation à la campagne, et chaque année aussi, elle lui procura des vacances, une fois, entre autres, dans un camp de jeunes filles. Pendant ses quatre années de tutelle, Maria travailla dans cinq familles différentes. Bien que deux seulement de ces nombreux changements aient été dus à sa nature agitée, elle causa parfois bien des difficultés, car elle était impétueuse, exigeante et coquette à l'excès.

Ces placements dans des familles, toutes choisies avec un soin extrême, rendirent à Maria le service de la faire participer à la vie américaine, mais l'influence qui contribua le plus puissamment à ses progrès ne cessa pas d'être celle de l'assistante sociale, sa tutrice. Sans m'arrêter aux détails, je vais essayer d'énumérer quelques-uns des principes et quelques-unes des méthodes du service social que révèle l'histoire de Maria.

Si l'assistante sociale arriva à ses fins avec cette jeune fille de caractère difficile, c'est probablement grâce à la sympathie imaginative dont elle fit preuve plutôt que pour toute autre raison ; que cette qualité soit chez elle un don naturel, ou qu'elle soit, en partie au moins, le résultat de l'expérience acquise avec d'autres jeunes filles, l'élément dominant qui ressort du dossier de Maria est l'aptitude de la tutrice à voir le monde des mêmes yeux que sa pupille. Songeant peut-être aux dangers de la déformation professionnelle, elle eut soin d'éviter cette rigidité d'esprit, cette tendance à réfréner l'initiative, qui est l'attitude trop fréquemment adoptée vis-à-vis des personnes dont la conduite est irritante. C'est ainsi que la tutrice écrivit dans une lettre explicative :

> Chaque fois que je le puis, je laisse les jeunes filles faire ce qu'elles veulent. Il est si souvent nécessaire de dire « non » que nous devons, à mon avis, être en garde contre la tendance qui nous porte à augmenter sans nécessité le nombre de nos refus. Cette façon de faire n'a rien de commun avec la faiblesse qui cède devant l'importunité ou l'obstination.

Quand Maria lui créait des difficultés, sa tutrice distinguait les ennuis qu'elle causait du délit réel qu'elle avait commis auparavant, mais dont elle ne s'était plus rendue coupable par la suite. Elle en appelait constamment au respect de soi et à l'ambition de la jeune fille, non point par des exhortations, mais par des actes susceptibles de stimuler ces qualités. Les dirigeants de l'œuvre, prenant en considération les débuts difficiles de Maria, lui allouèrent un peu plus d'argent de poche qu'à la plupart des autres pupilles. Cependant, elle ne se montrait jamais satisfaite de ses vêtements, et, au bout de quelques mois, elle se lassait de ce qu'elle avait acheté, malgré le plaisir qu'elle y avait trouvé tout d'abord. À un moment donné, le souci de sa toilette l'emporta à ce point sur son désir de s'instruire qu'elle obtint la permission de quitter l'école pour suivre un cours de préparation intensive au travail de bureau. Mais, quand elle comprit que cet abandon de ses études serait définitif, elle changea d'avis et demanda à rester à l'école.

Un jour, Maria reçut d'une ville éloignée une circulaire, lui offrant de suivre moyennant une somme de 50 dollars, un cours de culture vocale par correspondance qui assurerait une élocution impeccable et lui permettrait de chanter à la perfection. Elle s'adressa immédiatement à sa tutrice pour la prier de lui prêter cette somme ; celle-ci lui répondit qu'à leur prochain voyage à la ville, elles consulteraient une personne que sa compétence en matière musicale mettrait à même d'apprécier la valeur de cette proposition. Un professeur appartenant à une bonne école de musique fut sollicité d'examiner la voix de Maria et de lui donner son avis sur le projet qu'elle avait formé. Lorsque la jeune fille, essayant de chanter devant ce professeur, entendit les sons faibles et hésitants qui sortaient de sa gorge, elle se rendit compte elle-même qu'il n'y avait pas lieu d'envisager le cours en question.

Un autre procédé par lequel l'assistante sociale évitait l'arbitraire était de ne s'attribuer aucune perfection surhumaine. Elle prétendait aussi peu à l'infaillibilité dans la vie journalière qu'elle l'avait fait dans le domaine musical. Voici ce qu'elle écrit :

> Je me rappelle avoir adressé à Maria des observations au sujet du raccommodage de ses vêtements et particulièrement de ses bas. Au moment où je lui parlais ainsi, je me souvins que j'avais fait une longue déchirure à mon bas en le mettant le matin ; je n'avais pas eu le temps d'en changer. Je me mis à rire, et montrant l'accroc à la jeune fille je lui expliquai la difficulté que j'éprouvais à rester fidèle à mon propre idéal quand j'étais surchargée de besogne. J'appris plus tard, par une personne à qui elle avait parlé de cet incident, que grâce à mon aveu mes paroles avaient bien plus sûrement atteint leur but.

Cette habitude d'introduire un élément de réciprocité jusque dans ses semonces, ce désir de s'inspirer de la méthode de miss Sullivan s'alliaient étroitement chez l'assistante sociale à la résolution de se montrer toujours honnête et sincère, et de donner, toutes les fois qu'elle le pouvait, le pourquoi de ses décisions.

> Dans les débuts de nos relations, Maria me questionna un jour au sujet de nos visites à l'hôpital en vue de son traitement. Je lui parlais de la syphilis et lui dis que les médecins n'avaient jamais voulu se prononcer sur l'origine de sa maladie, qui pouvait être congénitale, ou avoir été contractée en bas âge. Je lui expliquai que la syphilis se communique d'ordinaire par les habitudes de promiscuité et le contact d'une personne infectée, mais je mentionnai aussi la possibilité d'une infection accidentelle.

Cette habitude de répondre franchement aux questions de la jeune fille ne conduisait pas la tutrice à lui dire toujours ce qu'elle apprenait, ni à le lui dire immédiatement. Au contraire, elle s'aperçut qu'elle en imposait d'autant plus à Maria qu'elle se montrait plus difficile à tromper ; elle lui prouva, à son étonnement, en diverses occasions, qu'elle était au courant de certains faits que la jeune fille croyait ignorés. Elle avait trouvé que la meilleure méthode était de donner à sa pupille toute la latitude dont celle-ci était capable de faire bon usage, mais seulement dans des conditions où elle-même, la tutrice, pouvait se faire une idée nette de cet usage. À un moment donné, par exemple, on vit apparaître sur la scène un jeune Polonais que Maria menaça d'épouser si on ne lui donnait pas sur le champ un nouveau chapeau. Un arrangement judicieux avec la patronne de Maria au sujet des visites et des attentions permises à ce jeune homme, joint au refus de lui acheter de nouveaux objets de toilette avant le moment opportun, eut facilement raison de cette petite crise.

La sagesse avec laquelle l'assistante sociale dirigea Maria est due tout entière au don qu'elle possédait de faire preuve de sympathie et d'imagination. Elle en donna un témoignage de plus en envoyant une rédaction scolaire de sa pupille à l'éditeur d'un journal pour la jeunesse. L'acceptation de ce travail, qui valut à l'auteur une modeste rétribution, fut pour Maria un événement des plus importants.

On ne peut s'empêcher de se demander ce qui serait advenu de Maria, si le tribunal, procédant d'une façon routinière, avait prononcé contre elle la sentence habituelle en cas de vol, sans tenir compte du milieu social que faisait ressortir le rapport de la déléguée du juge des enfants. Ce serait une jeune fille bien différente qui franchirait aujourd'hui le seuil de sa vie de femme : un être faux, dur, peut-être même dépravé. Actuellement, au contraire, Maria fait face à l'avenir avec tous les avantages que lui confèrent une bonne instruction acquise à l'école moyenne, une santé solide, unc personnalité attrayante et des amis sincères dont la confiance lui est assurée. Elle n'a rien, bien entendu, d'un être parfait. Elle est encore, par moments, un peu agitée, elle s'exagère encore l'importance de bagatelles, elle aime encore trop les colifichets. Mais, dans l'ensemble, son sens des valeurs s'est équilibré, et ses idées ont cessé d'être confuses et déraisonnables.

George Foster

Un jeune américain, le petit George Foster, avait été placé, avec sa sœur, dans une institution pour enfants, et n'avait pas été renvoyé à ses parents moins de quatre fois en cinq ans. Même dans des conditions favorables, ces changements répétés de milieu sont funestes aux enfants, mais le foyer où retournaient George et sa sœur n'était pas digne de ce nom. Le père était un ivrogne brutal, qui travaillait irrégulièrement; la mère avait des mœurs dissolues, le couple vivait maritalement. Quand ils se disputaient et se battaient – ce qui arrivait fréquemment – les enfants et le ménage étaient négligés.

Sur la requête du directeur du bureau de bienfaisance, une œuvre dont le siège se trouve à une grande distance de la ville où vivaient les Foster, et qui se consacre au placement des enfants, entreprit de trouver pour George et sa sœur des personnes qui accepteraient de les considérer comme leurs propres enfants[5].

Quand il s'agit d'un choix semblable, les assistantes sociales de l'œuvre recherchent attentivement pour quelle raison la famille désire se charger d'un enfant, et quelles sont ses intentions concernant l'éducation et l'avenir de celui-ci; elles étudient aussi la composition du ménage, les caractéristiques de chacun de ses membres, leur état de santé, ainsi que leurs rapports mutuels. L'enquête porte enfin sur l'habitation elle-même, sur le voisinage, sur les ressources de la famille, sur sa réputation dans le quartier et dans la localité, sur ses croyances religieuses. En fait, l'étude du foyer où l'on va envoyer un enfant requiert une expérience sociale assez approfondie. Un placement fait avec soin procure d'ordinaire aux enfants que l'on ne peut confier à aucun membre de leur propre famille, les meilleures garanties de bonheur et les meilleures opportunités de développement, alors qu'un placement effectué avec négligence et sans jugement ne leur donne aucune chance d'avenir.

Le premier placement des enfants Foster ne fut pas complètement satisfaisant. Ils furent accueillis chez de simples fermiers. La femme du fermier était de santé précaire. La charge de deux enfants lui eût été lourde en toutes circonstances, mais la difficulté principale fut la mésintelligence régnant entre le frère et la sœur. S'inspirant peut-être de l'exemple de leurs parents, ils se disputaient sans cesse, mettant ainsi leurs pires défauts en évidence et irritant leur mère adoptive. George, un enfant affectueux, mais emporté, était à ce moment âgé de neuf ans; sa sœur, son aînée de trois ans, possédait tous les traits distinctifs d'une vieille fille vaniteuse et cancanière. En conséquence, après plusieurs visites faites par la déléguée de l'œuvre à la ferme et à l'école voisine que fréquentaient les enfants, il fut décidé de les retirer de cette famille et de les placer séparément. Cette dernière décision ne fut pas prise à la légère, car elle était contraire à la méthode généralement employée par l'œuvre. À partir de ce moment, je ne m'occuperai

5. Le placement familial comporte trois modes: ou bien l'enfant est accepté comme membre de la famille, que son adoption légale soit envisagée ou non; ou encore la famille reçoit une rétribution pour les soins donnés à l'enfant; ou enfin celui-ci fournit un travail en échange des avantages dont il jouit. Ces trois types de milieu familial sont désignés respectivement aux États-Unis sous les noms de *free home*, *boarding home* et *working home*.

plus que de l'histoire de George. Il se montra navré à l'idée de quitter la ferme, mais la déléguée de l'œuvre le fit parler de ce qui l'y avait amusé – la rentrée des foins, la basse-cour, le jardin – et lui fit comprendre qu'il retrouverait ces plaisirs ailleurs.

George fut amené à la ville où l'œuvre avait son siège principal. On profita de cette occasion pour étudier l'enfant plus minutieusement qu'on n'avait pu le faire jusqu'alors. On procéda à un examen physique et mental détaillé, qui révéla chez George de bonnes aptitudes naturelles. Dans une institution de placement temporaire, où il fut soumis à une observation experte, on constata qu'il avait une tendance à l'obstination, mais, ajoute le rapport, « dès qu'il se rendra compte qu'il n'aboutit à rien par la colère, il deviendra un petit garçon doux et charmant... Il est généralement gai, et déjà se remet de ses périodes de mauvaise humeur bien plus vite qu'autrefois. »

Après quelques mois, on reconnut que George était mûr pour le placement dans une autre famille. À cette époque, un couple sans enfants, qui habitait aux confins d'une petite ville, s'adressa à l'œuvre qui s'occupait de George; ce couple avait déjà adopté un garçon de sept ans et souhaitait en prendre un autre, un peu plus âgé. Au cours de la visite qu'elle fit à cette famille, la déléguée de l'œuvre eut soin d'envisager l'attitude probable de l'enfant déjà adopté à l'égard de son futur frère adoptif. Elle rendit visite aux personnes de la ville qui avaient été indiquées comme références, et, trouvant leur opinion favorable, elle proposa à la famille de se prononcer provisoirement parmi plusieurs enfants dont elle montra les photographies. C'est le portrait de George qui fut choisi. L'on envoya, par lettre, des renseignements supplémentaires sur son compte. Bientôt l'enfant se trouva installé dans sa nouvelle famille. Au cours des visites qu'elle fit par la suite à George, la déléguée ménagea à chacun des parents adoptifs l'occasion de lui raconter en détail les événements survenus et les difficultés éprouvées. Elle vit ensuite George en particulier et se rendit à son école. Durant toutes ces visites, des dispositions furent prises pour régler les rapports de George avec l'autre enfant adopté aussi bien qu'avec son père adoptif.

Ceci se passait pendant l'année de la grippe. Le petit garçon en fut gravement atteint et en garda une toux opiniâtre ainsi qu'une infection tuberculeuse. La déléguée fit de fréquentes visites au médecin pendant ce temps. Graduellement, les poumons de George se dégagèrent. Mais ses parents adoptifs, quoique pleins de bonté pour lui, se rendirent compte, peu à peu, qu'au point de vue pécuniaire et à d'autres égards, la charge qu'ils avaient assumée en prenant George chez eux les empêchait de faire pour leur premier fils adoptif tout ce qu'ils eussent voulu. Ce fut ainsi que l'œuvre dut, une fois de plus, transplanter le jeune garçon. Si l'on tient compte de ces changements multiples de résidence, son travail scolaire ne laissait pas à désirer. À douze ans il avait terminé sa cinquième classe.

Le troisième foyer adoptif fut le plus heureux de tous ceux qui accueillirent George Foster pendant sa carrière brève, mais quelque peu mouvementée. Il vit depuis plus d'un an chez un homme qui exerce une profession libérale et dont la famille se compose de jeunes gens; George y est le seul enfant.

Au début, il marqua si peu de respect à ses aînés, et ses études furent si peu satisfaisantes, qu'on désespérait de pouvoir le garder. Mais il était à un âge où le raisonnement avait déjà prise sur lui, et l'assistante sociale, dans une entrevue admirablement menée, réussit à le faire participer volontairement à l'amélioration de ses rapports avec ses instituteurs et avec les membres de sa nouvelle famille. En même temps, elle persuada ceux-ci d'adopter des règles moins strictes quant aux lectures d'un garçon de douze ans ; on l'avait abreuvé d'œuvres moralisatrices. Cette visite marqua un tournant dans l'histoire de George. Depuis lors, sa conduite ne cesse de s'améliorer ; de leur côté, ses parents adoptifs apprécient de plus en plus ses bonnes qualités. Sa santé est maintenant excellente. Il paraît avoir des aptitudes spéciales pour la musique dont il a, récemment, commencé l'étude.

3. LA PRATIQUE ACTUELLE DU SERVICE SOCIAL DES CAS INDIVIDUELS (suite)

Dans les exemples du chapitre précédent, le service social s'applique à un seul individu. Il fallut, bien entendu, obtenir la coopération des familles auxquelles on confia Maria Bielowski et George Foster, et il fut nécessaire, pendant leur traitement, de recourir à divers spécialistes, mais Maria fut retirée définitivement de sa famille, et on sépara George, non seulement de ses parents, mais aussi de sa sœur, lorsqu'on s'aperçut qu'ils n'arrivaient pas à s'entendre. Les assistantes sociales dont nous avons décrit l'intervention dans ces deux cas, avaient de nombreuses tâches et d'autres clients. Toutefois, dans les deux exemples cités, elles n'eurent à s'occuper que d'un seul client. Les récits qui vont suivre décrivent chacun le traitement de deux ou de plusieurs clients, et montrent les relations réciproques de ces traitements simultanés.

Monsieur et Madame Rupert Young

Les Rupert Young, jeune couple dont le mari avait vingt-cinq ans et la femme vingt, et dont le bébé n'avait pas deux ans, vivaient il y a six ans dans une ville surpeuplée de l'Ouest, où les œuvres charitables sont nombreuses. On les recommanda à la secrétaire de l'œuvre locale de la protection familiale, chargée de leur district. Si miss Sullivan n'avait eu qu'une élève, le personnel du bureau de district de cette œuvre devait subvenir, cette année-là, au traitement social de plus de 400 familles [1].

1. Ce sont les chiffres d'une année de crise. La secrétaire disposait à ce moment de quatre assistantes sociales spécialisées dans le traitement de cas individuels, ainsi que d'une diététicienne, mais la qualité du travail social s'améliora beaucoup lorsque, la dépression industrielle ayant pris fin, le total des familles aidées retomba, comme ce fut le cas avant la fin de la guerre, à un peu plus de 200.

Bien que le district en question fût situé au cœur d'une ville dont la croissance était rapide, sa population diminuait. À l'époque dont je parle, il était plein de cabarets, et les ouvriers qui y habitaient ne trouvaient guère qu'un emploi irrégulier.

Un jour, une travailleuse sociale, attachée à une paroisse protestante, téléphona que de graves incidents s'étaient produits entre Mme Young et son mari. On envoya un enquêteur. Il constata que la famille était expulsée parce qu'elle n'avait pas payé son loyer. Tous les meubles étaient saisis par une maison de vente à tempérament, un tiers du prix d'achat n'ayant pas été versé; Mme Young s'était réfugiée momentanément chez sa mère avec sa petite fille, et Young, fortement éprouvé par des excès de boisson, passait ses nuits dans une étable. L'enquêteur ménagea à Mme Young, pour le lendemain, une entrevue particulière avec la secrétaire de district, et convoqua le mari au même bureau, mais un peu plus tard.

Lors de cette entrevue, la femme, enceinte de trois mois, se montra tout à fait incapable de faire face à la crise qu'elle traversait. Ses parents et ses amis lui avaient conseillé de quitter son mari et d'intenter une action en séparation. La secrétaire lui donna amplement l'occasion d'exposer son point de vue, mais lui fit comprendre qu'elle désirait aussi entendre le mari.

Young arriva repentant: il avoua avoir bu et avoir frappé Hilda, sa femme, mais invoqua comme circonstance atténuante que tout le monde se liguait contre lui et que Hilda le tracassait. Il reconnut volontiers, en réponse aux questions qui lui furent posées, que celle-ci était une brave femme, et une bonne ménagère, qu'il aimait son enfant, dont il était fier, mais tout en reconnaissant qu'il était le principal coupable, il rejeta une partie des torts sur sa belle-mère. On lui donna de quoi payer son souper et son déjeuner du matin, et on lui remit une lettre pour un médecin chargé de l'examiner. On lui demanda de revenir le lendemain à la permanence d'entraide sociale pour s'y rencontrer avec sa femme et la secrétaire de district. Young, qui était catholique, annonça en arrivant qu'il avait fait vœu d'abstinence totale devant un prêtre. C'était une idée qu'il avait eue spontanément. D'un commun accord, on arrêta le programme suivant: 1. Le mari et la femme se sépareraient pour quelque temps; 2. Mme Young et sa petite fille se reposeraient pendant un mois à la campagne; 3. Young qui, selon l'avis du médecin, ne souffrait que des conséquences de ses excès de boisson, serait, si possible, éloigné de chez lui pendant quelques semaines; 4. Le mari et la femme ne discuteraient plus leurs affaires domestiques devant les deux belles-familles ou devant qui que ce soit, hormis la secrétaire de district; 5. Mme Young éviterait de chercher noise à son mari ce qui constituait un de ses défauts.

En moins de vingt-quatre heures, Mme Young, avait contrevenu aux clauses 4 et 5, tandis que Young battait la campagne, soulevant des objections aussi insignifiantes que la crainte de ne pas recevoir de lettres de sa femme pendant leur séparation. Ce jour-là, pour l'occuper, on lui fit laver les fenêtres du bureau; on lui procura une nourriture substantielle et on prit des dispositions en vue d'un examen mental. À la clinique où celui-ci fut pratiqué, on prescrivit des bains chauds et des bains froids, un régime liquide, l'abstention de toute boisson alcoolique et une grande modération dans l'usage du tabac. Au début, on craignit le *delirium tremens*, mais ces prévisions ne se réalisèrent pas, et, en moins de deux semaines, le bureau du district avait obtenu l'admission de Young dans un asile pour buveurs, situé à la campagne, dans un autre État. Mme Young avait promis de ne rien écrire dans ses lettres qui pût conduire à de nouvelles disputes. Bientôt Young abattait des pins dans la ferme de l'asile, et écrivait qu'il « se faisait fort maintenant de battre Wilard, le champion du monde ». La correspondance suivie que lui adressait le bureau du district semblait constituer une partie essentielle de son traitement. À mesure que les effets de l'alcool se dissipaient, Rupert affirmait un tempérament ardent, affectueux comme celui d'un enfant, facile à diriger mais instable. En d'autres termes, la boisson n'était pas le seul obstacle contre lequel il avait à lutter. D'aucuns, qui virent son dossier un an plus tard, furent d'avis qu'il eût fallu le classer parmi les « arriérés mentaux », mais les médecins de la clinique psychiatrique ne se servirent pas de ce terme dans leur diagnostic, et sans doute cela valait-il mieux. Young envoya plusieurs boîtes de fleurs au bureau du district, se montrant navré quand on tardait à l'en remercier.

Deux mois après l'appel fait à l'œuvre de protection familiale en faveur du ménage Young, celui-ci était de retour en ville. Une bonne partie de son mobilier lui avait été restituée sans autre payement. On lui avait trouvé un logement modeste. Rupert avait obtenu une situation temporaire. Un peu plus tard, il reprit son ancien métier de charretier. Autrefois, l'histoire sociale de ce cas se serait arrêtée là, et sans doute l'eût-on clôturée par la description suivante :

> Au moment de notre visite, Mme Young et sa petite fille étaient chez elles. La chambre de devant est garnie de quelques gravures anciennes, de carpettes et d'objets qui lui donnent un aspect intime. La cuisine fait la même impression familiale. Les baquets ont été peints par M. Young. L'armoire est pleine de vaisselle reluisante. Comme c'était l'heure du déjeuner, M. Young entra bientôt, une brassée de bois sur l'épaule. Très fier du talent avec lequel sa femme avait fait de sa maison un vrai foyer, il ne montra pas moins de satisfaction à vanter sa propre habileté en matière de peinture.

En réalité, le traitement social venait seulement de commencer. Bon nombre de difficultés, quelques-unes assez accessoires, mais d'autres d'une importance capitale, restaient encore à surmonter. La différence dans les antécédents et les croyances des deux familles (les parents de Young étaient américains, de souche irlandaise, et catholiques ; ceux d'Hilda, américains, d'origine allemande, et protestants) : l'habitude de certains de ses proches d'encourager Young à boire ; la tendance d'Hilda à discuter et à gourmander étaient des facteurs qu'il ne fallait pas perdre de vue. Une semaine déjà après la reconstitution du foyer, il fallait rappeler à Hilda que le seul moyen de conserver la bonne entente dans un ménage, est de fermer les yeux sur maintes petites choses et de s'aider l'un l'autre. À la naissance du second enfant, Hilda préféra demander une sage-femme plutôt que d'aller à l'hôpital ou d'appeler un médecin à domicile. Cette décision devait lui coûter cher, car elle fut par la suite l'origine de troubles graves de sa santé.

Toutefois, l'obstacle le plus sérieux restait la légèreté dont Rupert fit preuve, en mille occasions. Ses déclarations étaient fort imprécises, et il se dégageait aisément de ses obligations, fût-ce au prix d'un mensonge. Quand le second bébé vint au monde, il s'obstina à rester plus d'une semaine à la maison, et perdit de la sorte une situation stable. Voici les annotations de la secrétaire du district :

> M. Young n'est pas encore retourné au travail. Il invoque toutes sortes d'excuses… bien que l'œuvre soit prête à fournir l'aide nécessaire en vue des soins que l'état de sa femme réclame. Avec sa puérilité et son inconséquence, M. Young essaie de se faire passer pour un père de famille modèle. Il a pris la maladie de sa femme comme prétexte au congé qu'il s'est accordé, et démontre par sa conduite combien il a encore de chemin à faire avant d'acquérir un sentiment réel et vif de ses responsabilités.

Des méthodes employées pour corriger ces défauts de caractère, la première fut d'engager avec Rupert de fréquentes conversations amicales. L'aide immédiate que la secrétaire de district avait fournie à la famille au moment le plus critique lui avait fait prendre sur Young un ascendant considérable. Par la suite, le caractère de celui-ci resta plus ou moins instable mais il s'efforçait toujours de ne pas déplaire à la secrétaire. La seconde méthode consista à développer son affection pour les siens, à lui faire aimer son intérieur et à tirer de ces sentiments le meilleur parti possible. On ne permit pas à Rupert de négliger les soins prescrits pour sa santé, y compris les bains, mais les assistantes sociales chargées de s'occuper de lui, s'efforcèrent surtout de mettre son foyer au premier plan. À l'époque où les querelles battaient leur plein, mari et femme vivaient dans un milieu exaspérant où tout allait mal ; plus tard, comparant leurs impressions réciproques au sujet de leur aînée, ils tournèrent leurs regards vers l'avenir et se trouvèrent d'accord pour convenir, non seulement que leur fillette était la plus jolie enfant du quartier, mais encore qu'elle devait avoir les plus jolis vêtements et recevoir la meilleure éducation possible. La secrétaire de district photographia la petite et fit cadeau au père d'un agrandissement encadré. Pendant ce temps, Hilda s'amendait, gagnant plus d'empire sur elle-même et prenant en main les rênes du ménage. Et la chose dont Rupert se montrait le plus fier était qu'il avait cessé de se disputer avec sa belle-mère.

Au cours de ces six dernières années, les Young ont traversé deux autres crises, sans que celles-ci aient compromis l'équilibre du ménage ; le bébé périt dans un accident, et durant un certain temps la santé d'Hilda laissa beaucoup à désirer. La secrétaire de district vint passer de longues heures auprès d'eux pendant la première crise, mais, avant la seconde, elle avait été habiter une autre ville. À part quelques visites très espacées, elle n'est plus tenue au courant de leurs affaires que par des lettres assez rares. Rupert, s'il n'a pas toujours été fidèle à son serment, n'est plus jamais retombé dans son ancien état de démoralisation. Au moment où j'écris ces lignes, la famille tient bon : le mari a un emploi régulier, et l'habitation des Young comporte quatre pièces, au lieu des deux chambres dont ils devaient se contenter jadis.

Clara Vansca et ses enfants

Dans un logis sordide, infesté de vermine, le ménage de Clara Vansca vivait, en partie de mendicité, en partie du salaire du mari ivrogne. Lorsqu'une œuvre de protection familiale (il s'agit cette fois d'une ville de l'Est) se mit pour la première fois en rapport avec elle il y a une dizaine d'années, Clara envoyait l'aînée de ses deux filles, âgée de huit ans, ramasser, sur le tas d'immondices de la ville, des ferrailles et des débris qu'elle vendait pour s'acheter à boire. Trois ans plus tard, son mari fut interné dans un asile d'aliénés, qu'il ne quitta depuis lors qu'une seule fois, et pour très peu de temps. Après l'internement du mari, Clara s'adonna plus que jamais à la mendicité; choisissant de préférence la tombée de la nuit, elle prenait ses enfants avec elle au cours de ces expéditions. Elle racontait une histoire pitoyable, dont la plus grande partie était véridique, et sollicitait toujours du travail, sans jamais accepter aucune des places qui lui étaient offertes. Tous les efforts entrepris à cette époque pour l'amener à cesser de boire et à s'occuper de son ménage et de ses deux fillettes furent vains. Elle paraissait aimer beaucoup ses enfants, mais les négligeait honteusement. À la fin, grâce à l'intervention d'une société de protection de l'enfance, les petites furent confiées par le tribunal à une institution catholique, et l'œuvre de protection familiale dont il a été question plus haut persuada la mère d'entrer de son plein gré dans un couvent.

C'est ici, peut-on dire, que commence le traitement social de Mme Vansca. L'assistance sociale, chargée du district où elle habitait par l'œuvre de protection familiale dont nous avons parlé, entreprit cette tâche et l'a poursuivie depuis lors sans interruption.

Cette assistante n'avait découvert dans la situation qu'un seul élément favorable : l'amour de Mme Vansca pour ses enfants. Tablant sur ce sentiment, l'assistante sociale soumit à Clara, après quelque temps, le plan suivant: son foyer serait reconstitué, à condition qu'elle fît de son mieux pour apprendre tout ce que les religieuses lui enseigneraient; elle devait, de plus, une fois affranchie de la tutelle du couvent, se montrer capable de gagner régulièrement sa vie. La Supérieure comprit ce plan et joignit ses efforts à ceux de l'assistante pour le montrer sans cesse à Mme Vansca comme le but à atteindre. De temps à autre elle rendait compte à l'assistante des traits de caractère de Mme Vansca, tels qu'ils se révélaient au jour le jour dans la vie du cloître. Pendant ce temps l'assistante étudiait les antécédents de sa cliente plus attentivement qu'elle n'avait encore été à même de le faire; ce fut ainsi qu'elle fit la connaissance d'une partie de la famille.

Clara Vansca était née en Amérique, de parents originaires de la Basse-Autriche. Son père était mort quand elle était toute petite, et sa mère s'était remariée après l'avoir placée dans une institution; mais elle mourut à son tour, laissant l'enfant encore en bas âge. Clara avait plusieurs frères, qui, tous, avaient réussi dans la vie. Deux d'entre eux s'étaient mariés et se trouvaient à la tête de ménages ouvriers prospères. La confiance de l'assistante dans l'hérédité physique et sociale de Clara s'en accrut; la famille était évidemment de bonne souche et possédait des traditions solides. Toutefois, l'attitude de ses proches vis-à-vis de Mme Vansca témoignait d'une réprobation impatiente. Ils trouvaient qu'elle les avait déshonorés par sa conduite avant son mariage, comme aussi depuis cet événement. Enfant, l'atmosphère familiale lui avait manqué, et les tentatives faites plus tard pour la discipliner n'avaient pas été heureuses (un de ses frères l'avait fouettée alors qu'elle était déjà grande); plus tard encore, toute sa famille l'avait désavouée d'un commun accord.

Les visites de l'assistante aux proches de Mme Vansca eurent pour résultat de faire renaître l'intérêt de sa famille pour elle. En effet, un de ses frères mariés lui offrit de la prendre chez lui, ainsi que ses enfants, dès qu'elle serait prête à quitter le couvent. Mais l'assistante, prévoyant la longue lutte à venir, ne donna pas suite à cette proposition. Elle sentait que, malgré les meilleures intentions, les frères de Clara et leurs femmes ne possédaient pas l'expérience nécessaire pour résoudre un problème aussi difficile : ils se montreraient impatients avec sa cliente, et gâcheraient peut-être son œuvre. Une fois le traitement plus avancé, cependant, leur sympathie et leur bonne volonté pourraient être largement mis à contribution.

Quand, au bout d'un an, l'assistante eut trouvé, en dehors du couvent, un travail convenant à Mme Vansca, son premier soin fut de veiller à ce que sa cliente eût l'air présentable. Elle se préoccupa aussi de son état physique. On soigna ses dents. Le châle dont elle se couvrait habituellement la tête fut remplacé par un chapeau, symbole, pour ainsi dire, de sa nouvelle condition. Son salaire devait être remis à l'assistante et conservé par celle-ci pour acheter des meubles en vue de la future installation. Six mois plus tard, ce fut une grande joie lorsque les petites filles furent retirées de l'orphelinat et que le foyer se trouva reconstitué.

L'année suivante fut difficile pour la famille et pour l'assistante. Il avait été convenu que celle-ci serait immédiatement prévenue, quel que soit l'endroit où elle se trouverait, si la propriétaire de Mme Vansca téléphonait au bureau du district que sa locataire s'adonnait de nouveau à la boisson. Jour et nuit, en dépit de ses occupations, l'assistante se rendait en hâte auprès de sa cliente lorsque celle-ci succombait à la tentation. Une nuit par un froid de 32° sous zéro, elles déambulèrent par les rues pendant des heures pour que Mme Vansca soit en état de reprendre son travail le lendemain.

Vint le moment critique où il fallut, pour la sixième fois en un an, trouver une nouvelle place pour cette cliente. Son travail avait été bon, grâce à son apprentissage au couvent, mais certains jours elle était arrivée en retard, d'autres fois elle n'était pas venue du tout. L'assistante lui fit comprendre que la perte de cette sixième place lui vaudrait derechef l'éloignement des enfants. Les emprunts d'argent qu'elle faisait à ses patrons et à ses camarades devaient cesser ; son salaire serait envoyé à l'assistante qui en disposerait dans l'intérêt de sa cliente. Toutefois, Mme Vansca ayant promis de lui remettre elle-même l'enveloppe contenant sa paie, ce fut cette façon de faire qui fut adoptée. À quelques exceptions près, Mme Vansca tint parole pendant plusieurs années, confiant à l'assistante la totalité de son salaire. Le sixième patron se montra indulgent et secourable, et entretint des rapports suivis avec l'assistante. En unissant leurs efforts, ils parvinrent à enrayer les écarts de Mme Vansca. Depuis, elle a conservé sa situation, dans laquelle elle prend un plaisir particulier à la camaraderie de ses compagnes de travail.

Revenons aux premières années du traitement ; l'assistante fit tout pour stimuler chez Mme Vansca l'instinct du foyer, déjà puissant chez elle, mais étouffé par son séjour dans diverses institutions, ainsi que par les malheurs de sa vie conjugale. Mme Vansca jouissait de quelques demi-journées de liberté, et se plaisait à enseigner la broderie à ses enfants, besogne à laquelle elle était devenue fort habile au couvent. Une couturière experte s'offrit spontanément à venir chaque semaine donner aux petites des leçons particulières, tantôt de couture, tantôt de coupe. Plus tard, une diététicienne vint chez Mme Vansca apprendre la cuisine à la mère et aux enfants. On encouragea Mme Vansca à entretenir et à embellir son logis, à maintenir ses enfants en bonne santé et à les habiller avec soin, ce que d'ailleurs elle adorait.

Ce fut à ce moment qu'on montra aux membres de la famille, à qui l'on n'avait pu confier jusqu'alors un rôle important, les progrès admirables réalisés par les Vansca. Leur confiance en Clara une fois rétablie, on leur demanda d'avoir des relations fréquentes avec les enfants et d'échanger des visites avec la mère sur un pied d'égalité. C'est sur cette base que la famille entière se retrouvait à l'église, dont ils étaient tous des paroissiens fidèles. Les proches de Clara se montrèrent serviables en maintes occasions, mais il fallut cependant décliner l'offre faite par un des frères de confier à la famille Vansca l'exploitation d'une ferme qu'il venait d'acquérir et d'y faire revenir même le mari, toujours interné dans un asile d'aliénés.

On dut soumettre le travail scolaire des fillettes à un contrôle suivi. Bien que ni l'une ni l'autre n'aient été des élèves remarquables, elles aidèrent leur mère à établir des comptes de ménage détaillés, tâche dont, seule, elle eût été tout à fait incapable.

L'assistante devint une amie si intime de Mme Vansca qu'elle put lui parler à cœur ouvert de ses écarts accidentels. Lorsque la famille fut obligée de déménager, elle ne manqua pas de lui dire : « Songez que vous vous établissez dans un nouveau quartier, où personne ne connaît vos anciennes habitudes. Profitez de cette occasion pour gagner le respect de tous. » Ce respect était devenu un bien précieux, les enfants de Mme Vansca ayant grandi. Rosa, l'aînée, est jolie, et Mme Vansca se pénètre de plus en plus de ses devoirs maternels depuis que les jeunes gens du voisinage ont commencé à courtiser sa fille. C'est à ce sens nouveau de sa responsabilité que l'assistante attribue le fait que Mme Vansca ne boit plus. Voici trois ans qu'elle est restée d'une sobriété parfaite.

Pendant les dernières années que Rosa passa à l'école, elle consacra ses heures libres à faire au dehors des travaux de ménage légers. Elle apprit à employer judicieusement son salaire et à en économiser une partie. Quand finalement elle eut 300 dollars à la banque, on l'encouragea à persévérer dans son effort et à essayer d'atteindre la somme de 500 dollars. On l'engagea en même temps à aider sa mère en subvenant aux frais d'habillement de sa jeune sœur. Actuellement, la mère et la fille gagnent environ 90 dollars par mois, sans compter la pension que

Rosa paie pour son entretien. La jeune fille ambitionne, dès qu'elle aura 500 dollars à la banque, d'acheter une maison où elles vivraient toutes les trois.

Ce récit semble surtout mettre en lumière les avantages matériels réalisés : le fait que Mme Vansca travaille à la demi-journée chez le même patron depuis cinq à six ans, les économies qu'elle a amassées, le long apprentissage qui lui a enseigné à employer son salaire d'une façon rationnelle, la perspective d'acheter une maison, et ainsi de suite. Mais divers succès, dont certains sont plus importants encore, ont été obtenus dans d'autres domaines : Rosa a fait plusieurs fois l'expérience du « camping », toute la famille s'est rendue à diverses reprises à la mer, et de temps en temps elle a pu aller en pique-nique à la campagne. Le jour où Rosa reçut son diplôme de fin d'études, et où, revêtue de la robe blanche qu'elle avait confectionnée, elle alla se faire admirer par ses proches, la joie et la fierté de sa mère ne connurent plus de bornes. Il est moins aisé d'exposer ce que la vie spirituelle de la famille a gagné, bien que les résultats obtenus soient significatifs. La religion tient à présent une place importante dans leur existence, et Mme Vansca, autrefois sournoise et fausse, est devenue plus franche, plus gaie, plus digne de confiance. Il y a quelque temps, retombant dans une vieille habitude, elle disait à l'assistante : « Demandez à une telle si ce que je dis n'est pas vrai. » À quoi son interlocutrice put lui répondre : « Ne me proposez plus jamais de vérifier quoi que ce soit de ce que vous me dites, j'ai en vous une confiance absolue. »

Winifred Jones et ses enfants

Winifred Jones, qui fera l'objet de ce récit, est une veuve d'une quarantaine d'années, mère de cinq enfants. Contrairement à Clara Vansca, elle provient d'une souche qui habite l'Amérique depuis plusieurs générations. Ses parents, de gros fermiers de la région centrale des États-Unis, avaient quitté la campagne pour s'installer dans la grande ville la plus proche, où la mère de Winifred était morte lorsque celle-ci n'avait que dix ans. Après cette perte, c'en fut fait du bonheur du foyer. Le père était un homme mesquin et exigeant, qui voyait d'un mauvais œil toute distraction prise par ses quatre enfants. La fille aînée s'était mariée de bonne heure, laissant à Winifred le soin du ménage. Puis le père se remaria, et cette union ne fut pas bien accueillie par la jeune ménagère. Elle se maria à son tour, saisissant la première occasion venue d'échapper à un milieu qui lui était devenue antipathique. Son nouveau foyer, cependant était destiné à être moins heureux encore que le premier.

Thomas Jones, son mari, était mécanicien. Il buvait, courait les femmes, se montrait parcimonieux pour les siens et se désintéressait des soins et de l'éducation que réclamaient ses enfants. L'intérieur devint de plus en plus désordonné, les enfants de plus en plus désobéissants, et la mère de plus en plus impuissante. Les parents de Mme Jones, fatigués de son incurie, cessèrent de venir la voir et abandonnèrent tous rapports avec elle.

Quand une nouvelle infortune s'abattait sur les Jones, ce qui advenait fréquemment à mesure que les années passaient, ils faisaient appel à une œuvre sociale : l'hôpital, la paroisse, une institution d'assistance familiale ou de protection de l'enfance. Les déléguées de ces œuvres, négligeant les antécédents de la famille ou du moins leur accordant peu d'importance, remarquaient surtout la saleté et le désordre au milieu desquels Mme Jones, hébétée, restait désœuvrée. L'épicier du coin assurait à chaque nouvelle enquêteuse que Mme Jones serait toujours la même, opinion à laquelle elles se rangeaient aisément. On n'avait pas tenté, toutefois, de disperser les membres de la famille et de s'occuper de chacun d'eux en particulier. Cet état de choses persistait lorsque Jones mourut, il y a moins de deux ans.

On ne peut, vu le peu de temps qui s'est écoulé depuis la mort du père, parler avec certitude des résultats obtenus. Ce récit, nécessairement bref, n'a pas seulement pour but de révéler le contraste qui existe entre les méthodes employées par les œuvres lors de leurs premières interventions dans un cas difficile et celles dont elles ont fait usage par la suite. Il montre aussi l'habileté avec laquelle une assistante sociale a renoué des liens familiaux brisés depuis longtemps.

L'œuvre de protection familiale s'était occupée des Jones pendant les longs mois que le père passa à l'hôpital. Après la mort de ce dernier, il fallut songer à l'avenir. Pour des raisons d'ordre local, il était impossible d'obtenir des pouvoirs publics une pension de veuvage. En outre, une question se posait : était-il préférable de disperser la famille pour en mieux protéger les membres, ou bien fallait-il encourager la mère à garder tous ses enfants auprès d'elle ? Personne à ce moment ne se représentait clairement les antécédents de Mme Jones ; celle-ci se montrait peu communicative en ce qui concernait les membres de sa famille, et on ne savait rien ou peu de chose sur leur compte. Les assistantes sociales qui avaient visité la maison savaient que Mme Jones et ses enfants avaient coutume de se lever fort tard dans la matinée, qu'il n'y avait pas d'heures fixes pour les repas, que le linge sale s'accumulait, qu'on ne lavait pas la vaisselle et que les enfants, rebelles à toute discipline se battaient continuellement entre eux et se montraient toujours irrespectueux vis-à-vis de leur mère. Mme Jones assurait qu'elle n'avait pas mis les pieds dans la grand'rue de sa ville natale depuis son mariage, vingt ans plus tôt. On ne lui connaissait pas de mauvaises habitudes ; elle aimait apparemment ses enfants et ceux-ci lui rendaient sans doute son affection, mais lorsqu'il y avait beaucoup de besogne dans le ménage, elle restait les bras croisés. Quand on lui parlait, elle semblait parfois perdre le fil de la conversation et ne pouvait alors que difficilement reprendre contact avec le sujet traité.

La première tentative faite pour découvrir les causes de ces symptômes ne faut pas très heureuse. Un spécialiste qui examina Mme Jones déclara qu'elle était une « moron [2] », son âge mental était de 11 ans et 8 mois ; il conseilla de lui retirer ses enfants. On ne peut l'affirmer, mais il est très probable que l'avis donné par ce spécialiste était basé en partie sur les rapports faits par les assistantes sociales au sujet de l'état dans lequel elles avaient trouvé l'intérieur de Mme Jones.

2. Les arriérés mentaux âgés de plus de quinze ans sont répartis aux États-Unis en trois classes : les idiots, dont le niveau intellectuel est celui d'un enfant de deux ans, les imbéciles, dont les facultés sont celles d'un enfant de sept ans, les morons, qui ont l'intelligence d'un enfant de douze ans.

Comme la mort de M. Jones pouvait exercer une influence favorable sur l'attitude de sa femme, et que l'on n'avait pas encore tenté l'expérience d'un véritable traitement social, l'œuvre de protection familiale décida que le moment n'était pas venu de prendre une mesure aussi radicale que la destruction du foyer et la dispersion de ses membres. L'assistante sociale déléguée par l'œuvre poursuivit, au contraire, son action simultanément dans deux directions : premièrement, elle supposa que tous les défauts de Mme Jones pouvaient n'être pas congénitaux, et elle en rechercha discrètement les causes ; deuxièmement, elle multiplia les occasions de stimulation et d'encouragement, afin de découvrir dans quelle mesure chacun des membres de la famille réagirait sous l'influence de conditions physiques meilleures et de ressources plus régulières. Pour exécuter ce programme, il fallait que l'assistante sociale s'intéressât d'une manière amicale et sincère aux affaires de la famille ; il fallait faire bénéficier la mère et les enfants des rapports sociaux et des délassements dont ils avaient été si complètement privés ; en outre, il fallait exercer une suggestion directe mais patiente, qui amènerait, si possible, chacun des membres de la famille à faire la rééducation de ses habitudes journalières. On ne pouvait espérer qu'une allocation hebdomadaire régulière résoudrait les difficultés au milieu desquelles Mme Jones et ses enfants se débattaient, car la désagrégation de la famille avait pris de trop grandes proportions, mais cette allocation était un complément nécessaire des autres efforts faits en leur faveur. On l'obtint grâce à des fonds spéciaux.

À ce moment on eut recours à l'aide d'un jeune homme qui avait l'expérience des garçons. Pendant les visites fréquentes qu'il fit aux deux fils Jones, âgés respectivement de douze et dix ans, il arriva à la conclusion que ceux-ci s'étaient engagés dans une mauvaise voie, mais qu'ils n'étaient pas endurcis. Le problème à résoudre, selon lui, était de leur procurer des distractions et des occupations saines et, en même temps, de les aider à acquérir des habitudes régulières quant à leur alimentation, leur sommeil, leurs études et leurs jeux. Simultanément, l'assistante sociale essayait de faire adopter par la mère des heures fixes pour les repas. Elle aidait parfois les garçons à apprendre leurs leçons, et elle examinait soigneusement chaque mois les bulletins de tous les enfants. D'autre part, le jeune homme, pour qui les garçons avaient conçu une grande admiration, les conduisait au cinéma voir des films bien choisis, il les menait au musée d'histoire naturelle et au parc, il veillait à ce que le cadet, qui était studieux, reçut des livres de nature à l'intéresser. Cette année-là, comme l'année suivante, toute la famille bénéficia de vacances à la campagne.

En même temps, sur les conseils du médecin qui avait pratiqué l'examen mental de Mme Jones, l'assistante sociale s'occupa de faire soigner les yeux et les dents de sa cliente. Comme cette dernière éprouvait quelque difficulté à s'orienter en ville, l'assistante l'accompagna pendant les visites fréquentes qu'elle fit chez le dentiste, et eut soin de faire suivre ces heures pénibles de quelques menues distractions. La santé de l'avant-dernière enfant, une petite fille de huit ans, exigeait également des soins ; ses résultats en classe avaient été médiocres et ils ne s'améliorèrent pas, même lorsqu'on lui eût enlevé les amygdales et des végétations adénoïdes.

De nombreuses visites faites à toute heure du jour, parfois le soir ou le matin très tôt, rendent nécessairement l'histoire de ce traitement social volumineuse et détaillée. Mais on n'y trouve aucune velléité d'impatience de l'assistante sociale vis-à-vis de sa cliente, qu'elle évita toujours de brusquer. Elle exerça une pression douce, mais continue, et ne se lassa pas de répéter fréquemment les mêmes conseils. Il lui fut tout particulièrement difficile d'aider Mme Jones à diriger ses enfants, car celle-ci, se souvenant de sa propre enfance et de la sévérité de son père, penchait vers une indulgence exagérée. Lorsqu'un problème domestique était compris et résolu à fond, l'assistante sociale en abordait un autre, l'expliquant et le réexpliquant, tout en notant chaque progrès qui rapprochait Mme Jones des conditions normales de la vie, et en lui prodiguant des éloges à cette occasion. D'un bout à l'autre du dossier, on insiste sur les résultats positifs obtenus par l'assistante sociale, non seulement dans les rapports qu'elle eut avec les Jones, mais aussi dans les efforts qu'elle fit pour intéresser d'autres personnes à leur situation. Cette remarque s'applique surtout à des relations avec la famille et la belle-famille de Mme Jones, bien qu'un frère de celle-ci ait été pendant de longs mois le seul proche qui se soit montré d'une utilité quelconque.

On aborda ce frère, peu de temps après la mise en pratique du nouveau traitement. Il n'avait eu aucune nouvelle de Mme Jones depuis des années et se montrait peu désireux de la revoir, persuadé qu'ils finiraient par se disputer. Cependant, il s'intéressa immédiatement au nouveau plan qu'on lui exposa, et offrit de prendre à sa charge une part importante de l'allocation hebdomadaire. On eut avec ce frère de fréquents entretiens. Peu à peu, il donna de nombreux détails sur l'enfance de sa sœur, ce qui permit à l'assistante sociale de mieux comprendre les mécomptes qu'avait subi Winifred et les possibilités qui étaient en elle. Elle apprit, notamment, qu'étant enfant, Winifred s'était montrée très studieuse et que la famille avait espéré la voir devenir institutrice.

Plus tard, on se mit en rapport avec une sœur de Mme Jones qui habitait une ville industrielle. Peu après la mort de M. Jones, cette sœur avait proposé que Winifred et ses enfants vinssent habiter près de la fabrique où les aînés se seraient engagés immédiatement, tandis que les cadets, qui allaient encore à l'école, y auraient travaillé pendant les vacances. Cette proposition n'avait pas été acceptée, mais, après la visite de l'assistante sociale, de bonnes relations furent rétablies entre les deux familles, et on recueillit à cette nouvelle source des renseignements précieux. Récemment, on a retrouvé d'autres parents encore ; toutefois, c'est le frère qui reste l'appui le plus utile. Comme il ne montrait aucun désir de revoir sa sœur, on n'insista pas, mais on continua à le tenir au courant des projets de l'œuvre de protection familiale et à lui signaler les résultats obtenus, sans omettre les progrès réalisés par les garçons sous la direction du jeune homme. Un jour, de son propre chef, il demanda à l'assistante sociale de le conduire chez sa sœur. Mme Jones avait, bien entendu, été mise au courant de l'assistance pécuniaire que son frère lui accordait régulièrement, mais elle apprécia cette visite plus encore que ce secours, car elle y voyait le renouvellement de ses relations personnelles avec l'un des membres de sa famille. Il est difficile de mesurer une influence aussi subtile, cependant Winifred semble, depuis ce moment, avoir été animée du désir de se montrer digne de l'idée que son frère s'était faite d'elle dans sa jeunesse. Cette première visite fut suivie de beaucoup d'autres. Bientôt le frère se mit lui-même à donner des conseils pour l'avenir des garçons et de l'aînée des filles, qui avait seize ans, et commençait alors à gagner sa vie. Un changement d'emploi avait forcé le jeune homme qui s'était occupé des garçons d'abandonner ses visites régulières; l'oncle le remplaça dans une certaine mesure. Il passa la veillée de Noël avec les Jones et se montra, selon l'expression de sa sœur, un véritable Père Noël. Quelque temps après, il emmena à tour de rôle les enfants faire des achats, et, l'été venu, équipa généreusement les deux garçons qui se rendaient à un camp de vacances.

Tous ceux qui avaient pris intérêt à la situation des Jones vouèrent leurs efforts pendant quelque temps à faire de la pièce principale du logement un endroit où la famille pût se réunir agréablement le soir et où les enfants pussent inviter leurs camarades. L'ami des garçons fit retapisser la chambre, l'assistante sociale offrit des rideaux et quelques gravures, et le frère envoya plusieurs de ses propres chaises qu'il avait fait recouvrir. On avait donc trouvé un intérêt commun aux enfants et à la mère. Voici ce que dit le rapport: « Mme Jones reconnut que bien souvent son fils aîné avait demandé la permission d'amener des amis, le soir, mais elle n'avait pas voulu se donner la peine de le recevoir. Nous parlâmes des agréments de la vie de famille. Elle n'a jamais eu l'idée de ce qu'est une existence familiale bien comprise, mais elle semble prête à s'y mettre. »

Tel est le programme de stimulation et d'encouragement institué dans ce cas. Il nous reste à rechercher les causes de l'état mental de Mme Jones. Cette question préoccupait l'assistante sociale chaque fois qu'elle était en contact avec sa cliente ou avec ceux qui l'avaient connue autrefois. Mme Jones a encore parfois des périodes de distraction, ses raisonnements sont encore lents, mais elle a fait des progrès, aussi bien dans la tenue de sa maison que dans la surveillance de ses enfants, et son humeur s'est améliorée. Les voisins, qui, jadis, se montraient pessimistes au sujet de l'avenir des Jones n'ont pas manqué de constater ces changements. La mère et les enfants se sont tous attachés davantage au foyer, et montrent plus d'affection les uns pour les autres. Le rétablissement de leurs rapports avec le monde extérieur a contribué à ce résultat. Il reste toutefois beaucoup à faire encore. La fille aînée devrait avoir des distractions mieux réglées, et l'avant-dernière enfant, dont les amygdales ont été enlevées, devrait recevoir des soins plus attentifs que ceux dont elle a bénéficié jusqu'à présent. Mme Jones peut maintenant être considérée comme une bonne mère, mais non pas comme une mère accomplie; peut-être ne le sera-t-elle jamais. Avec le temps, l'assistante sociale a fini par conclure que bien des défauts de sa cliente sont dus aux découragements accumulés au cours des nombreuses années pendant lesquelles elle a été négligée et mal comprise. C'est dans cette période, comme on s'en est aperçu graduellement, que se trouve la clé du problème. Le seul remède aux conséquences du découragement, est l'encouragement, l'encouragement donné avec une persévérance et un discernement infinis.

Lucia Allegri et ses proches

Contrairement aux clients des œuvres sociales dont la situation a été décrite dans ce chapitre et dans le chapitre précédent, Mme Lucia Allegri, une Sicilienne, est connue depuis un an seulement de l'assistante sociale chargée de s'occuper d'elle. Je me propose donc de ne conter de son histoire que les éléments nécessaires à en expliquer un seul épisode, qui illustre le caractère collectif de certaines formes de traitement social, par contraste avec la forme individuelle employée dans d'autres cas. J'aurai l'occasion de revenir sur ce traitement collectif dans un des chapitres suivants[3].

Le mari de Mme Allegri avait gagné un salaire élevé jusqu'à sa mort, survenue neuf ans auparavant, alors qu'il habitait une cité américaine située sur le bord d'un des Grands Lacs. Une amie de la famille crut caractériser l'aisance et le confort dont jouissait Mme Allegri du vivant de son mari en disant qu'elle avait son coiffeur. C'est dans une situation bien différente qu'elle fut trouvée par la visiteuse d'une œuvre de protection familiale. Mme Allegri vivait dans un logement sombre et humide; elle n'avait rien à manger, et guère de feu; la seule de ses enfants qui était restée avec elle servit d'interprète, car Mme Allegri ne parlait pas l'anglais.

Au cours des visites qu'elle fit chez le fils, marié, de Mme Allegri, chez les beaux-parents de ce dernier et chez d'autres personnes encore, l'assistante sociale finit par obtenir deux versions absolument contradictoire de l'histoire de sa cliente.

Voici la première version: tous les enfants de Mme Allegri sont morts en bas âge, à l'exception de trois: un fils, Paolo, qui avait aidé sa mère dans la mesure du possible, mais qui, à présent, devait assurer l'existence de sa femme et de ses trois enfants; une fille, Antonina, qui s'était fort mal comportée envers sa mère et avait brusquement abandonné, quelques mois auparavant, une excellente situation de contremaîtresse dans une fabrique de dentelles, pour se marier et fonder à son tour un foyer, dans une ville voisine; et une fille, Teresa, âgée de onze ans. On disait qu'Antonina ne témoignait aucun intérêt pour sa mère et sa jeune sœur: les membres de sa famille ignoraient son adresse.

La seconde version, obtenue un peu plus tard, de sources étrangères à la famille, attribuait à Mme Allegri quatre grands enfants au lieu de deux. On assurait que Paolo, quelles qu'aient été ses ressources et ses charges, n'avait jamais contribué à l'entretien des siens; qu'Antonina, loin d'oublier ses devoirs, avait, depuis sa treizième année jusqu'à une date très récente, supporté tout le fardeau du ménage; et si, au moment de son mariage, elle avait cessé de fournir à sa mère une pension régulière, c'était uniquement pour obliger ses deux frères et une sœur, mariés tous les trois, à assumer leur part dans l'entretien de leur mère, à qui elle continuait de rendre visite chaque mois. On affirmait que la fille aînée, mariée, habitait une ville voisine.

3. P. 64 à 66.

De nombreuses recherches, faites sur les indications des différents membres de la famille, dans les localités situées le long du lac, ne parvinrent pas à mettre sur la trace d'Antonina. En attendant, il était évident que Mme Allegri avait besoin d'une aide permanente et que son ignorance des coutumes américaines et de la vie des grandes villes était une source constante de tentations pour sa cadette, Teresa, fillette éveillée, aimant les plaisirs et les flâneries. On apprit que l'enfant s'absentait de l'école la moitié du temps et qu'elle fréquentait de mauvais compagnons. La question de savoir quels membres de la famille il faudrait mettre à contribution était moins urgente que la nécessité de modifier un milieu aussi nuisible aux rhumatismes de la mère qu'à la moralité de la fille. On s'en tint donc, pour l'aide matérielle, à des secours temporaires, en attendant de pouvoir régler les affaires de la famille.

Lorsqu'on découvrit la fille aînée, Carmela, résidant avec son mari dans une ville voisine, la seconde version commença à se confirmer. Le mari de Carmela n'était pas dans une situation prospère, mais il fut vivement impressionné par la description que lui fit l'assistante sociale de l'état de dénuement dans lequel se trouvait sa belle-mère, et il s'offrit à exécuter le plan qu'elle proposait : convoquer chez lui une réunion de famille qui aurait lieu au premier jour de congé ; on y éluciderait tous les points contestés, pour tenter d'arriver à une décision concernant Mme Allegri et Teresa.

Le côté concret de ce projet plut au clan des Allegri, car, au jour dit, toute la famille se trouva rassemblée, à l'exception du fils aîné, que l'assistante sociale n'avait jamais pu rencontrer et que ses proches avaient dépeint comme un vagabond. Antonina et son mari étaient présents, ainsi qu'un ou deux membres des belles-familles, mais l'assistante sociale était la seule étrangère conviée à cette réunion. Pour souligner l'importance de l'événement, on avait soumis le logement au nettoyage en règle qui précède les fêtes, et on avait servi un souper.

Mme Allegri arriva la première. La seule part qu'elle prit à la discussion fut d'occuper le meilleur fauteuil, de soulever des objections à chaque nouveau plan mis en avant par la famille, et de se balancer vigoureusement pendant toute la soirée. On fut d'accord pour reconnaître qu'Antonina avait toujours fait son devoir et au-delà. Elle se déclara prête à supporter la moitié des frais qu'entraînerait le projet adopté, quel qu'il fût. Après un certain temps, chacun ayant abondamment exprimé son avis, il apparut nettement que les deux filles, Carmela et Antonina, et leurs maris, étaient les seules personnes capables d'assumer une responsabilité dans cette affaire. On s'aperçut aussi que Mme Allegri ne pouvait continuer à vivre seule avec sa fillette ; devenant de plus en plus infirme, elle avait besoin des soins affectueux d'un membre adulte de sa famille ; d'autre part, il fallait confier la surveillance de Teresa au plus complètement américanisé de ses proches, à celui qui pourrait le mieux prendre un intérêt judicieux aux études, aux pratiques religieuses et aux récréations de la jeune fille. On dut considérer les objections soulevées par Mme Allegri et les réfuter, bien que les obstacles qui lui semblaient insurmontables fussent généralement des bagatelles. Finalement on se mit d'accord pour décider qu'elle vivrait chez Carmela, la seule de ses enfants qui sympathisait parfaitement avec elle, et que Teresa habiterait le foyer très américain d'Antonina dont l'installation était moderne et où les façons étaient plus raffinées.

Cet arrangement, malheureusement, avait pour résultat de libérer complètement les deux fils de toute charge, mais l'aîné, qui n'avait pas assisté à la conférence, avait toujours échoué dans la vie, et Paolo avait quitté la réunion, furieux de voir sa fausseté révélée. C'était d'ailleurs la sœur de sa femme qui avait la première, signalé le dénuement de Mme Allegri à l'œuvre de protection familiale et avait sollicité cette institution d'assumer toute la charge de son entretien.

C'était également cette branche de la famille qui avait tu l'existence des deux autres enfants mariés, caché l'adresse d'Antonina et poussé Mme Allegri à corroborer leurs dires mensongers.

L'assistante sociale, pendant cette réunion, se contenta, la plupart du temps, d'écouter et d'observer en silence. Vers la fin, cependant, elle essaya de faire aboutir la discussion en résumant les nombreux points sur lesquels tous étaient d'accord. L'histoire ne se termine pas ici. La famille a eu depuis des hauts et des bas, mais le jour où les Allegri ont commencé à penser en groupe à leur situation, ils ont accompli un progrès considérable.

4. LA DÉFINITION DU SERVICE SOCIAL DES CAS INDIVIDUELS

Je vais essayer de donner une définition provisoire du service social des cas individuels. Elle n'aura pas d'autre base que mon expérience personnelle, complétée par la lecture de nombreuses observations sociales individuelles. Il eût été préférable, évidemment, de déduire cette définition d'une longue énumération d'exemples, mais cette abondante documentation elle-même aurait pu être critiquée ; il aurait fallu prouver le caractère typique des cas cités.

Dans cette description du service social des cas individuels, qui constitue une simple introduction, j'ai procédé par exclusion, rejetant d'emblée et sans examen tous les remèdes dépourvus de portée qu'appliquent aux maux sociaux certaines personnes inexpérimentées. Bien que leur façon de faire n'ait aucun rapport avec la théorie ou la pratique du service social des cas individuels, elle est désignée sous ce nom[1]. J'exclus de même, pour le moment, toutes les formes d'assistance individuelle temporaire : par exemple l'aide qui permet à une famille de traverser une période pénible, l'orientation des personnes qui d'elles-mêmes sentent le besoin de s'adresser à une institution sociale ou de recourir aux services d'un avocat, d'un médecin, etc., les conseils donnés dans une situation difficile, et ainsi de suite. Ces divers services ont évidemment une portée sociale, mais on ne peut guère en mesurer la valeur permanente sans suivre ultérieurement les bénéficiaires et sans posséder sur eux des informations plus détaillées que n'en ont généralement les assistantes sociales engagées dans un travail de ce genre. Je réserve pour un chapitre ultérieur[2] l'étude des formes auxiliaires du service social des cas

1. L'assistance sociale qui s'irrite d'avoir à protéger son état contre le traitement indigne que lui infligent des personnes inexpérimentées et intéressées trouvera peut-être quelque consolation dans le fait que d'autres professions ont subi les mêmes atteintes. Il y a peu d'années encore, on pouvait acheter aux États-Unis, le diplôme de docteur en médecine. En plein XIXe siècle, dans beaucoup de nos États, les juges étaient dépourvus de préparation juridique, et le juge suprême de l'État de Rhode-Island était un simple fermier.

2. Voir chapitre IX.

individuels que l'on utilise actuellement dans la pratique d'autres professions et qui viennent compléter, par exemple, le service médical dans les hôpitaux et les dispensaires, les examens mentaux et le traitement dans les cliniques psychiatriques, l'enseignement dans les écoles primaires. Le service médico-social, qui fait partie des formes auxiliaires du service social, est parfois aussi intensif qu'on peut le désirer. Mais, devant s'adapter sur bien des points aux exigences médicales, il ne peut guère servir de base à des généralisations relatives au service social des cas individuels proprement dit, pas plus que pour décrire la psychiatrie en général, on ne pourrait se fonder sur l'expérience d'un psychiatre des tribunaux, dont la clientèle se compose exclusivement d'individus soumis à la surveillance du juge et au contrôle des autorités. J'exclus donc, dans ma recherche d'une définition, le service social pratiqué à titre subsidiaire. Il n'est pas moins important d'écarter les formes de service social confinées dans certaines méthodes par des règles arbitraires ou par la nature des fonds qui les alimentent. Des volontés d'outre-tombe, la fantaisie de donateurs vivants, les restrictions apportées à l'emploi des deniers publics, ne doivent ni paralyser les découvertes scientifiques ni entraver le développement d'une profession. Il résulte de ces considérations que dans cette partie de ma description je me limite aux formes du service social qui réunissent les trois conditions suivantes : premièrement, être pratiquées par des personnes compétentes ; deuxièmement, porter sur des cas difficiles, nécessitant une intervention prolongée et intensive ; troisièmement, être accomplies dans une indépendance relative et sans restrictions arbitraires. En concentrant notre attention sur ce groupe de cas, nous arriverons à des considérations importantes pour le traitement social en général, car c'est ce type de traitement intensif et prolongé qui nous permet un examen critique de nos méthodes. C'est lui qui, en fait, nous en fournit la critique la plus pénétrante dont nous puissions disposer actuellement. Il est facile de s'estimer satisfait des résultats du service social, lorsqu'on se contente des premiers symptômes d'amélioration ou lorsqu'on juge ces résultats sous un seul angle. Mais si l'on ose les examiner en prenant comme point de vue la vie dans son ensemble, et en songeant constamment au bien permanent de l'individu et de la société, on applique un criterium beaucoup plus sévère.

C'est en ayant ce criterium présent à l'esprit que je m'élèverai à la notion générale la plus large possible du service social des cas individuels. Ses théories, ses fins, ses applications les plus intensives semblent depuis plusieurs années converger vers une notion centrale, le développement de la personnalité. Que signifie cette expression dans la bouche d'un travailleur social ?

Un métaphysicien écossais du XVIIIe siècle écrivait : « Quand un homme perd ses biens, sa fortune, sa santé, il reste la même personne *et ne perd rien de sa personnalité.* » Bien peu parmi les travailleurs sociaux accepteraient la partie de cette phrase imprimée en italiques. La perte de la situation sociale et de la santé d'un homme peut, si du même coup elle révèle en lui et dans son milieu des ressources inemployées, développer sa personnalité, mais cet événement ne saurait la laisser inchangée. En réalité, de telles épreuves atrophient la personnalité d'un être plus souvent qu'elles ne la raffermissent. Si Thomas Reid avait substitué le mot *individualité* au terme *personnalité*, son affirmation rencontrerait une approbation presque unanime. Je n'entreprendrai pas l'analyse serrée des usages multiples et techniques que les biologistes, les psychologues et d'autres spécialistes ont fait de ces deux termes. Mais il existe entre eux une distinction utile, reconnue depuis longtemps, et qu'il importe de ne pas perdre de vue. Si nous acceptons la définition de l'individualité qui limite celle-ci « au caractère unique d'un être vivant, au fait qu'il est différent des autres créatures de son espèce et du reste de la nature [3] », nous devons reconnaître que « personnalité » est un terme beaucoup plus compréhensif, car il représente, non seulement tout ce qui est inné, tout ce qui est individuel, mais tout ce que l'homme acquiert par son éducation, par son expérience et par ses relations avec ses semblables. Notre hérédité physique, les qualités innées et inaltérables qui nous ont été transmises sont individuelles ; mais toute cette portion de notre héritage social et de notre milieu, que nous avons été capables d'ajouter, jour par jour, à notre individualité et dont nous avons fait une partie de nous-même, est personnelle ; et ce tout devient notre personnalité.

En d'autres termes, c'est notre personnalité qui nous relie étroitement aux autres hommes ; non seulement à l'homme, notre associé, notre frère, mais à tous les groupements et institutions que les hommes ont créés. Il n'y a pas de conflit entre la notion des caractéristiques individuelles, sur laquelle je reviendrai plus tard, et l'idée complémentaire d'apparentement. Les différences caractérisent la personnalité parmi les hommes, comme elles caractérisent les tonalités des divers instruments d'un orchestre. Il n'y a pas deux personnalités semblables. Mais les différences qui les séparent sont comparables à celles qui distinguent les instruments ; ce sont des différences accordées dans un ton déterminé, et qui ont entre elles des relations définies. Tandis que l'individualité d'un homme reste immuable, sa personnalité, comprenant à la fois ses qualités innées et ses qualités acquises, change constamment. Si elle n'arrive pas à se développer et à croître de jour en jour par le plein usage de ses fonctions, elle se contracte et même s'atrophie.

Lorsque, pour tenter de définir le service social des cas individuels, je parle du développement de la personnalité, j'emploie une expression descriptive que l'on a supposé appartenir spécialement, d'abord à la pédagogie, ensuite à la psychologie appliquée, enfin à la religion[4], qui ne peuvent cependant se la disputer, car, au point de vue professionnel, la pédagogie, la psychologie appliquée et la religion sont toutes des formes d'enseignement. Le service social des cas individuels en est simplement une forme additionnelle, bien qu'il possède en propre son histoire et ses méthodes, et qu'on y accède par des voies différentes. Dans

3. *Century Dictionary*. Dans le passage qui suit immédiatement, je parais exagérer peut-être la différence de signification entre *l'individualité* et la *personnalité*, en renfermant la première dans des limites très étroites. Il ne m'a pas semblé prudent, toutefois, dans une discussion d'ordre aussi peu technique, d'introduire un troisième terme, le *tempérament*, souvent employé par les psychologues pour exprimer la constitution innée, car ce mot a une connotation différente pour le lecteur ordinaire.

4. J'ai personnellement abordé ce sujet par la voie de la science sociale plutôt que par celles de la pédagogie, de la psychologie ou de la théologie. Bien que je doive revenir sur ce thème central de la discussion, il est peut-être utile de reproduire ici quelques brèves citations, empruntées à des ouvrages d'ordres très variés, mais dont chacune projette quelque clarté sur l'emploi du mot personnalité à un point de vue déterminé.

l'exemple cité au cours de mon introduction, miss Sullivan est une éducatrice professionnelle, mais une éducatrice qui sut retirer son élève de l'école pour la plonger dans la société et dans le monde. La façon dont elle fit un usage habituel des relations sociales pour développer la personnalité d'Helen Keller efface, je l'avoue, toute démarcation entre l'assistante sociale et l'éducatrice.

Mais alors quelle est la voie d'accès, quelle est la méthode consciemment utilisée qui distingue le travail social, décrit dans le deuxième et le troisième chapitres, du travail d'un professeur dans une salle de classe ? Les personnes qui ont

---

Critique. « Si la révélation de la personnalité unit les hommes, l'importance qu'on attache à la simple conception d'individualité les sépare. Innombrables sont les poètes contemporains qui se targuent de leur individualité excentrique, sans se souvenir que c'est seulement grâce à une personnalité richement développée que la poésie acquiert une valeur universelle. » Bliss Perry, *A study of Poetry*, p. 342.

Religion. « Quelle est notre façon de comprendre la personnalité humaine ? Celle-ci n'est pas une propriété distincte ou séparée. Son essence ne peut être exprimée en termes marquant une séparation d'avec les autres êtres. Ni au point de vue idéal, ni au point de vue pratique, elle ne signifie pour l'être considéré une centralité nouvelle indépendante. Au contraire, elle est entièrement dépendante et relative. Elle n'est pas non plus réalisée d'abord par elle-même dans la séparation, pour se perfectionner ensuite par les relations avec d'autres êtres. C'est dans ces relations et cette dépendance que se trouve sa véritable essence. » R. C. Moberly D. D., *Atonement and Personality*, p. 253.

Psychologie. « Notre personnalité est ainsi le résultat de ce que nous avons au départ et de ce que nous avons vécu. C'est la « réaction en masse » considérée comme un tout ». J.B. Watson, *Psychology from the Standpoint of a Behaviorist*, p. 420.

« Le moi ou la personnalité d'un homme est la somme de ses expériences spécifiques, en tant qu'elles représentent les résultats d'une organisation. Toute expérience nouvelle modifie notre personnalité. Elle n'ajoute pas seulement à la somme de nos données mentales, mais elle modifie aussi notre attitude à l'égard du monde extérieur et produit une impression permanente, petite ou grande, sur notre caractère en général. » Howard C. Warren, *Human Psychology*, p. 384.

Pédagogie. « Le déploiement de la personnalité est dû aux tendances intérieures aussi bien qu'aux influences et aux actions extérieures. C'est, en partie, l'œuvre de la nature, mais aussi l'œuvre de l'éducation et de l'expérience… Jusqu'à présent donc, les deux considérations vitales pour le philosophe comme pour l'éducateur sont, d'une part, la force intérieure et la tendance de l'individu, d'autre part, la nature et les effets de la réalité environnante. » Thistleton Mark, *The Unfolding of Personality as the Chief Aim in Education*, pp. 11 et 22.

Biologie. « La biologie, comme telle, ne peut rendre compte du fait que le milieu nous est étranger ou qu'il est imparfait. Nous paraissons hors d'état, d'un point de vue purement biologique, de rendre compte de l'évolution progressive, si ce n'est comme le résultat d'une lutte aveugle pour la vie. Mais, pour la personnalité consciente, la lutte n'est plus aveugle ; pour elle, l'avenir est prévu et prédéterminé, au moins dans une certaine mesure ; pour elle, le passé est enregistré dans la mémoire et sert de base à l'action. Il n'est est pas ainsi pour les individus seulement : les traditions et l'idéal d'une race représentent sa mémoire et sa prescience. Du point de vue de la personnalité, l'évolution prend un nouvel aspect et ne reste plus un processus aveugle. » J. S. Haldane, *Mechanism, Life and Personality*, pp. 103 et 131.

Science sociale. « La socialité et l'individualité sont les deux aspects de la réalité unique, qui est la personnalité. La personnalité est la valeur finale, la seule chose au monde qui vaille la peine d'être possédée pour elle-même. Nous ne voulons pas dire naturellement que toute espèce de personnalité soit bonne par elle-même, mais plutôt que nulle autre chose que la personnalité ne peut-être bonne par elle-même. La société la mieux ordonnée est celle qui développe le mieux la personnalité de ses membres. » R. M. Maciver, *The Elements of Social Science*, p. 153.

réadapté Maria Bielowski et George Foster[5] sont-elles appelées assistantes sociales parce que leur enseignement et leurs efforts d'adaptation sociale prennent comme centre une institution dite sociale, plutôt qu'une école ? Ou bien les désigne-t-on sous ce nom parce que, à un moment donné, Maria avait été une délinquante, et George un dépendant ? Ni l'un ni l'autre de ces termes ne décrit ces jeunes gens au point de vue social. En réalité, ce que l'on appelle la classe des dépendants, la classe des anormaux, la classe des délinquants, ne sont pas des classes sociales, car ces différents groupes ne possèdent en eux-mêmes aucune force de cohésion. De plus, les connaissances spéciales de l'assistante sociale qui s'occupe des cas individuels sont, dans leur essence, applicables aux autres êtres humains aussi bien qu'à ceux qui sont désignés par ces termes. Je ne songe pas à diminuer l'importance des problèmes relatifs au traitement de la dépendance, tels que l'assistance temporaire, l'assistance permanente et les sources de cette assistance ; je ne veux pas ignorer la contribution que les tribunaux et les institutions de réforme apportent au traitement des délinquants ; mais je ne puis admettre qu'aucun de ces éléments soit considéré comme fondamental dans la tâche de l'assistante sociale qui se consacre aux cas individuels : ils se rapportent à ce que l'on peut appeler l'outillage des différents types de service social. L'analyse démontrera qu'ils passent à l'arrière-plan dès qu'apparaissent les problèmes des relations sociales et de la personnalité ; or, ces problèmes entrent en jeu d'une façon permanente.

Il est vrai que le service social des cas individuels s'est occupé et continuera à s'occuper des questions relatives à la restauration de l'indépendance économique individuelle, à la santé et à l'hygiène personnelle, ainsi que des problèmes complexes de l'hygiène mentale, tous domaines ayant un rapport direct avec la personnalité. Mais comme chacun de ces domaines représente une spécialité, et parfois une spécialité requérant des connaissances professionnelles distinctes, le service social des cas individuels ne s'identifie à aucun d'eux. En dehors de l'utilité supplémentaire qu'il peut avoir dans ces domaines, il possède son champ d'action propre, qui est le développement de la personnalité par l'adaptation consciente et compréhensive des relations sociales. Dans ce champ d'action, si le travailleur social n'a pas à s'occuper davantage des anomalies de l'individu que de celles de son milieu, il ne peut pas plus négliger les unes que les autres. En fait, la méthode spéciale à l'assistante sociale consiste à atteindre l'individu par l'intermédiaire de son entourage, et toutes les fois que l'adaptation doit être entreprise de cette façon, individu par individu, et non en masse, une forme quelconque de service social des cas individuels s'impose et continuera à s'imposer. Aussi longtemps que les êtres humains seront humains et que leur milieu sera le monde, on ne pourra imaginer un état de choses dans lequel eux-mêmes et le milieu où ils vivent cesseront d'avoir besoin d'adaptations et de réadaptations particulières.

5. Voir chapitre II.

Condensant en une formule la pensée qui précède, j'en arrive à cette tentative de définition :

> *Le service social des cas individuels est l'ensemble des méthodes qui développent la personnalité en rajustant consciemment et individuellement entre eux l'homme et son milieu social.*

Qu'entendons-nous par « milieu social » ? Le dictionnaire définit le milieu comme « l'ensemble des choses et des conditions environnantes [6] », mais quand nous y accolons le mot « social », nous nous apercevons immédiatement que beaucoup de personnes et de choses se trouvent exclues et qu'on leur en a substitué beaucoup d'autres ; le milieu cesse d'appartenir seulement à l'espace : il s'élargit jusqu'à atteindre l'horizon de la pensée de l'homme et les limites de son pouvoir de maintenir des relations avec ses semblables, et il se rétrécit jusqu'à exclure tout ce qui n'a pas d'influence réelle sur sa vie émotive, mentale et spirituelle. Un milieu physique a souvent ses aspects sociaux : dans la mesure où il en est ainsi, il fait partie du milieu social.

Revenons aux six exemples de service social professionnel des cas individuels que j'ai cités, et comparons-les avec la définition ci-dessus. La confirment-ils ? Révèlent-ils un véritable développement de la personnalité, obtenu par des relations sociales raffermies et mieux adaptées ? Il me semble qu'il en est bien ainsi, à des degrés variables.

Dans une de ses dissertations sur le métier littéraire, Henry James a remarqué que les relations sont sans limites, et que la tâche de l'artiste consiste à tracer, « grâce à une géométrie toute personnelle, le cercle dans lequel elles *paraîtront* se circonscrire naturellement [7] ». Chacun des clients des œuvres sociales dont j'ai raconté l'histoire possède des relations qui dépassent de beaucoup l'horizon de tout travailleur social. Dans les limites de cet horizon, les femmes à qui incombait l'obligation de formuler un plan de traitement ont dû faire des choix périlleux, cherchant à comprendre et à utiliser certains éléments, négligeant entièrement certains autres. N'ont-elles pas obtenu, cependant, dans trois des cas cités, un développement marqué de la personnalité, dans deux autres des progrès réels, et dans le sixième – le dernier mentionné – une adaptation sans doute plus satisfaisante ?

D'aucuns pourraient se demander si ces résultats ont été véritablement dus à une technique spécialisée. Ils pourraient soutenir, tout en reconnaissant la valeur des services rendus, que ceux-ci n'ont réclamé aucune de ces connaissances techniques nouvelles, dont l'acquisition est difficile, mais qui confèrent ensuite une habileté croissante. Toute personne intelligente, diront-ils, pourvu qu'elle soit douée de tact et de bonne volonté, aurait pu en faire autant sans formation préalable. Il peut être bon, dès lors, d'examiner ce qui s'est passé au cours de ces traitements sociaux et de préciser le genre de technique auquel on a eu recours.

---

6. *Century Dictionary*.

7. Préface de *Roderick Hudson*, par Henry James, New York, Charles Scribner's Sons, 1907.

Avant d'écrire cette page, j'ai dressé un tableau énumérant des interventions de chaque assistante sociale et relatant sa ligne de conduite dans le traitement des six cas que je viens de citer. J'ai obtenu de la sorte six longues listes, contenant de nombreuses répétitions. En éliminant celles-ci et en essayant de classer les termes restants, j'ai constaté qu'ils se rangent sous deux rubriques générales : les « compréhensions » et les « actions ». Chacune de ces deux rubriques peut être subdivisée à son tour comme suit : les compréhensions, en compréhension de l'individualité et compréhension du milieu ; les actions, en action directe sur la mentalité et action indirecte sur la mentalité. Mes quatre divisions sont donc :

a) Compréhension de l'individualité et des caractéristiques personnelles ;
b) Compréhension des ressources, des dangers et des influences du milieu social ;
c) Action directe de la mentalité de l'assistante sociale sur celle de son client ;
d) Action indirecte exercée par le milieu social.

Un examen attentif des termes de ces listes m'a donné l'impression que chacune de ces interventions aurait pu venir à l'esprit d'une personne non spécialisée et être mise en pratique par elle. Mais l'habileté professionnelle se révéla dans la *combinaison* des diverses actions énumérées, combinaison qu'aucune personne dépourvue de formation spécialisée n'aurait pu réaliser, quelque intelligence qu'on lui suppose. L'écrivain qui aspire à être dans sa profession un artiste, et l'assistante sociale animée d'une ambition semblable ont au moins ceci de commun : ils travaillent sur des matériaux qui sont la chaîne et la trame de la vie quotidienne. L'un est un artificier en mots, l'autre en relations sociales. L'un doit s'efforcer de donner une nouvelle empreinte aux jetons usés de notre langage courant ; l'autre doit être capable de découvrir des significations et des possibilités nouvelles dans ces situations familières auxquelles nous participons tous ; elle doit trouver de nouveaux moyens de stimulation dans les mentalités émoussées par les habitudes ou par les circonstances, et pour ces mentalités elles-mêmes. Il faut plus qu'un examen superficiel pour révéler dans le domaine de la littérature, comme dans celui du service social, l'originalité des nouvelles combinaisons effectuées, et pour comprendre quelles études, quels exercices, quel pouvoir d'expression, quel effacement de soi-même ont préparé les résultats obtenus.

Cette apparence de banalité est trompeuse ; c'est là un fait dont on doit tenir compte dans l'analyse qu'on va lire, et qui porte sur quelques-unes des opérations du service social des cas individuels effectuées dans les six exemples cités. Je classerai ces diverses opérations sous les quatre rubriques indiquées ci-dessus, et j'omettrai à dessein tous les détails relatifs aux méthodes.

A. et B. – Les deux types de *compréhension*, compréhension de l'individualité et compréhension du milieu social, doivent être considérés simultanément, car c'est par leur combinaison seulement que la personnalité se révèle. Si notre tâche est le développement de la personnalité, il nous faut découvrir ce qu'est cette personnalité au moment présent, ainsi que la façon dont elle est devenue ce qu'elle est. J'ai étudié en détail, dans un autre livre, l'aspect technique de ces méthodes de diagnostic, pour autant qu'elles fassent partie du service social et qu'elles n'impliquent pas l'emploi de techniques relevant d'autres spécialités. Cet aspect du sujet ne nous concerne pas ici. Mais il doit être bien entendu que si l'habileté en matière de diagnostic social est longue à acquérir, une fois acquise, elle fait gagner du temps. Ce fut une faute de diagnostic social que de ne pas s'être enquis plus tôt de l'histoire sociale cachée derrière les bras croisés de Winifred Jones, derrière ses habitudes distraites et le désordre de son ménage. Sans doute l'erreur commise fut confirmée par le diagnostic mental, bien qu'ici un cercle vicieux ait pu se constituer et que l'opinion du psychiatre se soit basée en partie sur le tableau imparfait qui lui fut présenté de la condition sociale de sa cliente. On n'arriva que progressivement à une compréhension plus nette de la situation, mais la nouvelle assistante sociale à qui le cas fut confié à cette époque, eut le bon sens de réserver son opinion jusqu'au moment où elle obtint de nouvelles précisions[8].

La question de savoir si l'aspect répulsif de Maria Bielowski et ses vols étaient dus à des causes innées et individuelles ou à un milieu défavorable se posa immédiatement[9]. Peu de questions sociales sont plus difficiles à résoudre[10]. On y parvint (et il faudra toujours recourir à ce moyen pour des cas similaires) grâce à l'aide de médecins et de psychiatres experts ; mais la décision prise au sujet de l'avenir de Maria fut basée en partie sur la connaissance de faits que l'assistante sociale contemporaine est beaucoup plus apte à relever avec rapidité et exactitude que n'importe quelle personne appartenant à une autre profession. On ne pouvait entreprendre à loisir l'analyse de la situation familiale de Maria, l'examen de ses bulletins scolaires et des certificats de ses patrons, la découverte des ressources sociales que présentait la petite école privée où elle fut placée. Il fallait procéder à tout cela immédiatement, car du succès avec lequel cette tâche serait accomplie dépendait l'arrêt du tribunal. Les opérations du diagnostic ne s'arrêtèrent point là ; elles se terminent rarement avant la fin du traitement. La déléguée du juge des enfants était une assistante sociale spécialisée dans le trai-

---

8. Voir chapitre III, pp. 35 à 38. S'adressant aux travailleurs sociaux s'occupant d'assistance familiale, lors de la session de 1921 de la Conférence nationale du service social, le Dr Wm. Healy fit les remarques suivantes : « Quelle que soit la valeur des tests correctement conduits et logiquement interprétés, l'une des meilleures façons d'apprécier les capacités intellectuelles d'un adulte est d'arriver à le connaître par le témoignage de ceux qui ont pu l'observer chez lui, à son travail, et dans ses relations sociales. On doit toujours prendre en considération les tendances du caractère ou de la personnalité. Il est très important de se figurer les individus aux points de vue suivant : sincérité, affection, sympathie, propreté, promptitude, sens de la responsabilité, stabilité, etc. Familiarisez-vous avec tous ces aspects de leur caractère, et souvenez-vous que les tendances de la personnalité, comme fréquemment aussi les habitudes établies par l'éducation sociale ont une part plus grande dans les succès ou les échecs des adultes que toute autre cause. Elles ont bien plus de rapports avec la capacité d'élever des enfants et de faire face aux difficultés de l'existence en général que ce que nous apprennent les tests. »

9. Voir chapitre II, p. 19 et suivantes.

10. Le Docteur Bronner a dit, au sujet des facultés mentales, à la session de la Nouvelle-Orléans de la Conférence nationale du service social (Comptes rendus de la Conférence de 1920, p. 357) : « En pratique il est souvent difficile de distinguer ce qui revient à la personnalité innée de ce qui est le résultat du milieu et de l'expérience personnelle. Les réactions réciproques de ces deux éléments rendent presque impossible de séparer la constitution innée des effets produits par les circonstances de la vie. À un certain point de vue peut-être, cette démarcation n'est ni nécessaire ni souhaitable, mais quand il s'agit d'émettre un pronostic, il est parfois essentiel de pouvoir déterminer ce qu'un individu est par lui-même, et ce qu'il pourrait devenir dans des circonstances différentes. »

tement des cas individuels, mais ses fonctions auprès du tribunal limitaient les services qu'elle pouvait rendre ; aussi confia-t-elle la tâche de traiter Maria, d'une façon continue et prolongée, à une autre assistante sociale, qui plus tard devint la tutrice de Maria. Cette tutrice, la chose est notée, sut toujours combiner une sympathie pleine de ressources avec son expérience professionnelle pour arriver à une compréhension plus profonde de l'attitude de sa pupille envers la vie, et pour mieux apprécier les possibilités et les dangers des différents milieux dans lesquels vivait Maria. La compréhension et l'action s'interpénètrent continuellement de cette façon. C'est ainsi que, dans le cas de Mme Allegri, le conseil de famille convoqué sur l'initiative de l'assistante sociale, ne servit pas seulement à découvrir les dispositions des divers membres de la famille l'un à l'égard de l'autre, et à révéler leur attitude vis-à-vis de la situation de Mme Allegri et de sa fille ; cette réunion constitua aussi un moyen de trouver une solution à certaines des difficultés au milieu desquelles ces deux femmes se débattaient, en procurant à la mère un foyer plus salubre et plus agréable, et en instituant une surveillance plus satisfaisante pour Teresa. Un travailleur social peut faire preuve d'habileté en découvrant point par point les éléments du milieu passé et du milieu présent de son client, sans posséder toutefois la compréhension dont fit preuve cette assistante sociale, qui, au milieu d'un fouillis de détails, parvint à saisir la difficulté capitale du problème. En d'autres termes, il est possible d'acquérir la maîtrise d'une certaine technique, sans posséder dès le début et sans acquérir par la suite, cette imagination constructive dont la possession rend la technique efficace.

C. – Les différents aspects du traitement classés dans ma liste sous la rubrique *action directe* débutent par des services, parfois très humbles, qui tendent à affermir les relations personnelles de l'assistante sociale et de son client. Quand miss Sullivan se passa des services de la gouvernante de la petite Helen Keller pour s'occuper elle-même de l'enfant, quand la tutrice de Maria Bielowski avoua l'accroc de son bas, quand l'assistante sociale parcourut les rues, tard dans la nuit, avec Clara Vansca, esclave de ses habitudes d'intempérance, quand le bébé des Young fut tué et que la secrétaire de district tint compagnie au père et à la mère pendant toute cette période d'épreuve, quelque chose se communiqua d'une mentalité à l'autre qui devint la base de relations durables et d'une influence permanente. En liaison étroite avec cette ardeur d'être utile, nous trouvons cette franchise mutuelle des rapports, cette absence de formalisme et cette habitude de tenir parole loyalement qui sont si évidentes dans l'histoire de plusieurs de nos cas. La patience aussi – une patience née de la sympathie, de la compréhension expérimentée, de la clairvoyance – contribua largement à fortifier l'influence personnelle graduellement acquise par ces assistantes sociales. Il suffit de relire une fois de plus l'histoire de Clara Vansca, de Winifred Jones et de Maria Bielowski, pour s'apercevoir du danger qui s'est présenté, aux moments critiques, de tout compromettre en se laissant aller à l'impatience. On voit aussi comment la rééducation des habitudes a été accomplie, en partie par le rajustement du milieu et en partie par l'action directe d'une mentalité sur l'autre. On constate enfin l'importance de la politique d'encouragement en tant que méthode de rééducation. Certaines situations nécessitent par surcroît des avertissements et l'établissement d'une réelle discipline, comme ce fut le cas tout au début pour

Helen Keller, et pour Clara Vansca lorsqu'elle fut sur le point de changer de situation pour la sixième fois. Mais l'assistante sociale, qui connaissait Clara, fit preuve d'une souplesse remarquable, combinée avec une grande persévérance, car le seul moyen de produire une impression sur les cerveaux lents est de répéter la même chose indéfiniment sans se lasser.

De tous les systèmes, le plus efficace pour développer la mentalité et les relations sociales d'un client est, sans contredit, celui qui lui fait prendre une part active aux plans conçus pour son bien. J'aurai à revenir plus tard sur ce sujet. La visite faite par Maria Bielowski, en compagnie de sa tutrice, chez le professeur de musique, illustre ce que je veux dire. Je ne sais comment j'eusse accueilli la demande d'un emprunt de 50 dollars pour faire de la culture vocale par correspondance. J'aurais probablement eu assez de présence d'esprit pour m'empêcher, au moment même, de m'écrier « quelle sottise », peut-être même aurais-je pensé à offrir de soumettre la circulaire à l'avis d'une personne compétente, mais la décision prise par la tutrice fut tellement meilleure que tout cela. Non seulement elle sollicita un avis autorisé pour appuyer son opinion, qu'elle n'avait pas exprimée, mais elle associa Maria à chacune des phases de l'opération et à la décision finale. On admit Mme Allegri à la réunion de famille où chacun put librement exprimer son opinion ; on encouragea George Foster à participer lui-même aux réadaptations jugées nécessaires dans la famille qui le reçut en dernier lieu ; dans la rééducation de son mari, on donna à Mme Rupert Young une tâche déterminée – celle de brider une langue trop acerbe. Ces cas sont fréquents, mais l'occasion de se servir de cette ressource est souvent manquée par l'assistante sociale qui, dans son ardeur, est tentée d'assumer elle-même tout le travail et toutes les responsabilités.

D. – *L'action indirecte*, qui se sert des multiples éléments du milieu social – les personnes, les institutions, les œuvres, les choses matérielles – bien que n'étant pas le seul recours de l'assistante sociale, lui est cependant propre dans une plus large mesure que les autres méthodes précédemment décrites. « La visiteuse douée d'une personnalité forte », écrit miss Elizabeth Dutcher, « qui compte sur sa propre habileté pour influencer un client subnormal, en arrivera tôt ou tard à un échec. Pour que les efforts de l'assistante sociale aboutissent à un résultat permanent, il faut que, d'une manière ou de l'autre, elle amène l'entourage du client à l'influencer dans le même sens qu'elle[11]. » Cette précaution ne doit pas être réservée aux cas de subnormalité. L'homme ou la femme dont la volonté est forte sont constamment tentés de substituer l'action directe à l'action indirecte. Mais si les assistantes sociales ont raison de croire que la personnalité, de par son essence même, dépend pour la grande part des actions et des réactions naturelles entre le milieu social tout entier et l'individu, il faut alors admettre que le malheur de bien des existences remonte à la tentative de remplacer plusieurs formes de relations sociales par *une seule*. Les voies d'accès multiples et compréhensives que fournit le milieu social sont particulièrement bien adaptées au but que se

11. *Possibilities of Home Supervision of Moron Women*, Comptes rendus de la Conférence nationale du service social à Milwaukee, 1921, p. 275.

propose le service social des cas individuels, et il n'est pas exceptionnel de voir, comme dans les exemples cités, l'assistante sociale recourir aux avis ou à la collaboration de médecins, de psychiatres, d'instituteurs, de prêtres, de fonctionnaires ou des parents de ses clients. On la voit utiliser aussi des institutions telles que les résidences sociales, les cours professionnels, les parcs publics et les terrains de jeux, les colonies de vacances, les foyers nourriciers, etc.

À un stade précoce du diagnostic et du traitement des clients dont nous avons parlé, les assistantes sociales sollicitèrent l'avis de médecins attachés aux hôpitaux et aux cliniques psychiatriques. La nécessité de ces consultations s'imposa dès le début du traitement social de Maria Bielowski, de Rupert Young et de Winifred Jones ; il fallut y recourir à un stade ultérieur pour George Foster. Un des devoirs des assistantes sociales était d'assurer à leurs clients les meilleurs conseils possibles au sujet de leur santé, et de veiller à ce qu'ils tirent de ces avis le plus grand profit.

De même, les assistantes sociales s'enquirent des bulletins obtenus à l'école par les enfants dont elles s'occupaient et s'entretinrent avec les institutrices[12] afin de faire marcher de pair le traitement social et l'instruction.

Les notes prises au sujet de ces divers cas sont moins précises en ce qui concerne l'assiduité aux offices et l'enseignement religieux. Il n'y a pas ici la même combinaison dans le programme. On encouragea Rupert Young et Clara Vansca à fréquenter leur église, et les sentiments religieux de Clara furent fortifiés aussi bien par son séjour au couvent que par la surveillance vigilante de l'assistante sociale. Il est intéressant de noter en passant que c'est à l'Église catholique autrichienne que Clara et les siens purent, pour la première fois, reprendre leurs relations sur un pied d'égalité. Une annotation toute récente dans le dossier de Winifred Jones relate qu'un pasteur de l'Église méthodiste fut prié par l'assistante sociale de rendre visite à la famille et de convier les enfants à suivre l'école du dimanche. Cette requête avait été faite à la connaissance et avec le consentement de Mme Jones, qui avait été autrefois méthodiste, mais qui avait perdu tout contact avec cette Église, comme avec tant d'autres éléments de son milieu passé.

La coopération est souvent nécessaire entre deux ou plusieurs œuvres, quand elles s'intéressent d'une façon légitime à différents membres d'une même famille. Une déléguée de la permanence d'entr'aide sociale vint en aide à l'œuvre de protection familiale, tant en concourant à l'élaboration des premiers plans relatifs aux Rupert Young, qu'en appuyant ces plans de l'autorité de la loi. Une diététicienne, une maîtresse de cuisine et une maîtresse de couture unirent leurs efforts pour apprendre aux Vansca à dépenser leur argent judicieusement, et la caisse d'épargne fut utile pour leur enseigner à faire des économies. On persuada Teresa Allegri de devenir membre du club d'une résidence sociale voisine ; les enfants Jones et les Vansca bénéficièrent d'excursions variées et de nombreuses distractions, et on accorda chaque année de bonnes vacances à Maria Bielowski.

12. Aux États-Unis, l'enseignement primaire est en général donné aux garçons et aux filles par des institutrices.

Les assistantes sociales chargées des cas individuels servent toujours ainsi d'agents de liaison, essayant d'utiliser avec intelligence les ressources sociales organisées du quartier et de la collectivité, ressources qui, avec les progrès réalisés dans le domaine de l'hygiène, ont puissamment contribué à améliorer le service social des cas individuels. Cette situation a fini par causer un certain malentendu, car on a été jusqu'à prendre l'assistante pour une sorte de téléphoniste sociale dont la seule occupation serait, si nous continuons à parler au figuré, de rester assise devant son multiple, retirant une fiche pour en insérer une autre. Dans presque toutes les professions, quiconque veut faire un travail consciencieux doit souvent servir d'intermédiaire, mais, lorsqu'il s'agit de définir une tâche, nous devons prendre garde de ne pas substituer la partie au tout, les moyens au but.

L'absence, dans une localité quelconque, des ressources sociales et des spécialistes variés qui ont tant enrichi le service social des cas individuels crée un double devoir aux assistantes sociales de cette localité : elles doivent user de toute leur ingéniosité pour remplacer les ressources qui leur manquent, et elles doivent prouver leur dévouement au bien public en poussant de toutes leurs forces à la création des œuvres destinées à combler ces lacunes. Elles se serviront, dans la pression qu'elles exerceront, de tous les arguments et exemples probants que le travail social ne peut manquer de leur fournir. Nous signalons ainsi une des relations qui existent entre le service social des cas individuels et le programme si étendu et si varié du progrès social. Il existe, de fait, un véritable réseau de relations analogues, et j'espère en décrire plus tard un certain nombre ; quelque large que soit notre définition du service social des cas individuels, celui-ci ne serait jamais que fragmentaire si on le détachait de l'ensemble du service social, dont il ne forme qu'une partie.

Tous les cas d'adaptation à l'entourage cités jusqu'à présent n'impliquent pas un changement radical de milieu. Il ne suffit pas toujours, cependant, d'essayer d'adapter le client à son entourage présent ; le changement de milieu aussi est une ressource importante. Ce changement peut être temporaire ou permanent. L'entourage, qui devrait contribuer au développement de la personnalité, est parfois, au contraire, activement antisocial, comme dans le cas de George Foster. Ici, la réadaptation dont je parle dans ma définition dut, pour assurer le développement souhaité, être effectuée en dehors de la famille. On sépara définitivement ce jeune garçon des siens. On pourrait sans doute qualifier d'antisocial le foyer que dirigeait la belle-mère de Maria Bielowski, mais étant donnés les malentendus qui s'étaient accumulés entre elles, et leur séparation étant un fait accompli avant l'intervention de l'assistante sociale, un changement permanent semblait s'imposer pour Maria. Dans le cas de Rupert Young et de sa femme, une courte séparation et un changement de milieu suffirent à améliorer leurs relations. Pour Clara Vansca, il fallut plus longtemps, et la séparation dut être suivie d'une réadaptation continue et laborieuse aux obligations de la vie de famille ; nous avons vu avec quelle habileté miss Sullivan usa de la ressource que constitue un changement de milieu temporaire. Il est plus facile, lorsqu'on se trouve dans un milieu nouveau, de contracter de nouvelles habitudes, mais la solidité de celles-ci n'est éprouvée qu'après leur adaptation à la matrice sociale que constitue le milieu d'origine du client. Encore faut-il que ce retour soit souhaitable ou possible. C'est là un argument qui doit nous faire préférer, lorsqu'il y a lieu d'agir ainsi, les réadaptations lentes, et effectuées sans changement de milieu, comme ce fut le cas pour Winifred Jones. Dans la famille Allegri, on procura, à la mère déjà âgée et inadaptée à la vie américaine, une existence se rapprochant davantage de celle qu'elle avait connue autrefois et qui lui était plus familière, tandis que sa fille Teresa était envoyée dans un foyer américain bien moderne, où l'on conservait toutefois le respect des liens familiaux.

Un autre aspect du changement d'entourage a trait aux besoins de certains clients, de nationalités et de races diverses, qui ont changé de milieu par le fait de leur immigration aux États-Unis, bien avant qu'ils ne soient entrés en contact avec l'assistante sociale. On a généralement admis jusqu'ici que dans l'américanisation tout effort d'adaptation doit venir de l'immigrant, qui doit apprendre notre langue, étudier nos institutions, accepter nos mœurs sans que nous modifions en rien notre programme ou nos desseins. Mais l'attitude de l'assistante sociale à l'égard de ce problème est autre, car elle reconnaît la nécessité d'ajustements mutuels. Même dans ces conditions, la rajusteuse sociale ne peut réussir que par une compréhension sympathique des milieux de l'Ancien Monde d'où proviennent ses clients. Une partie de cette vieille civilisation émigra avec les Allegri, quand ils s'embarquèrent pour l'Amérique, et avec les parents de Clara Vansca et de Maria Bielowski, quand ils se fixèrent sur le sol américain.

Ces liens de famille ont tant de significations diverses que j'y reviendrai encore une fois. Notons simplement à présent que Rupert Young et sa femme s'entendirent plus cordialement au sujet de leur petite fille qu'en toute autre matière ; ce fut le souci de son avenir et de leur responsabilité à cet égard qui les rapprocha et entretint leur union. Toute la conception que Clara Vansca se faisait du foyer gravitait autour de ses filles et s'affermissait à mesure qu'elles approchaient de l'âge où elles seraient femmes. L'accueil fait à ses enfants par leurs proches enrichit leur milieu social et eut une influence marquée sur le développement de Clara. La sensation d'appartenir de nouveau à un groupe, de posséder un passé, un présent et un avenir ayant quelque lien entre eux, est le mieux illustrée peut-être par l'histoire de Winifred Jones, bien que dans son cas les différentes périodes de son existence ne soient pas encore bien soudées en un tout unifié. Certainement, Mme Jones fut remuée plus qu'elle ne l'avait été depuis longtemps par la rentrée de son frère dans sa vie, et cet événement fut très important pour ses enfants en leur inculquant un nouveau sens des relations sociales et en les plaçant sous une protection efficace. En ce qui concerne les Allegri, quoique les progrès obtenus soient de date récente, il est évident que la solution doit être trouvée par l'intermédiaire des proches.

Cette analyse des ressources extérieures n'est pas complète. Sa lacune la plus sérieuse est qu'elle ne fait aucune mention des ressources sociales que fournissent la profession et les patrons. On plaça Maria Bielowski dans des familles où elle se livrait à un travail domestique ; l'un des patrons de Clara Vansca eut un rôle utile en se montrant prêt à coopérer avec l'assistante sociale. On obtint du patron de la fille aînée de Winifred Jones qu'il la gardât à la fabrique alors qu'il diminuait son personnel. Ces quelques détails ne donnent qu'une idée imparfaite de l'activité variée que peuvent déployer les assistantes sociales quand il s'agit d'adapter une personne au travail qui semble lui convenir le mieux, de lui assurer le meilleur apprentissage possible, et d'intéresser les patrons aux problèmes qui concernent la personnalité de leurs ouvriers. Si les exemples auxquels j'ai eu recours présentent des lacunes à cet égard, c'est, pour une part au moins, parce qu'ils furent relevés immédiatement après une période de prospérité industrielle inaccoutumée. Rupert Young ne gagnait pas moins de 40 à 60 dollars par semaine, et Antonina Allegri, avant son mariage, arrivait à un salaire de 37 dollars par semaine. Je n'ai pas indiqué ici les nombreux rapports qui existent entre le service social des cas individuels et les problèmes industriels, mais je me réserve d'y revenir à un autre propos.

Une seconde lacune que présentent mes exemples pourrait être comblée par la mention de cas dans lesquels le traitement social comporte des changements plus radicaux des conditions du logement. Mais, ici encore, durant les dernières années, la crise du logement a sévi dans une grande partie des États-Unis, et peu de personnes ont déménagé quand elles pouvaient garder leur habitation. Rupert Young parvint à obtenir un appartement de quatre chambres au lieu de deux, et l'assistante sociale réussit à retirer Mme Allegri du logis humide si nuisible à ses rhumatismes. Néanmoins, la famille de Winifred Jones n'est pas encore convenablement installée et, quoique Clara Vansca n'ait à se plaindre ni de son logement, ni de son propriétaire, le quartier qu'elle habite laisse à désirer. Naturellement, lorsqu'il s'agit d'une question aussi importante pour la vie de la famille que l'habitation, l'assistante sociale doit faire tout ce qu'elle peut afin d'améliorer l'état de choses existant.

Telles sont les modalités que j'ai pu déceler et décrire au sujet des quatre opérations du service social mentionnées ci-dessus. Elles ne font que suggérer les premières étapes d'une nouvelle espèce de technique spécialisée dont le but est d'effectuer une meilleure adaptation entre l'être humain et le milieu dans lequel il doit vivre. Les travailleurs sociaux n'ont pas encore établi d'échelle permettant de mesurer les progrès accomplis par la personnalité des individus dont ils se sont occupés. Le Dr Healy a énuméré quelques-unes des qualités que les assistantes sociales doivent rechercher quand elles rassemblent les données relatives à l'individualité[13]. Certaines des qualités qu'il mentionne sont applicables aussi à la personnalité, par exemple, la franchise, l'affection, la sympathie et le sens des responsabilités. À la longue, on doit juger la personnalité d'après les qualités sociales, la loyauté vis-à-vis des compagnons, le courage et l'intérêt suscités par un genre d'existence qui ne s'oriente pas uniquement vers l'égoïsme. Mais le développement de la personnalité peut être mesuré à chacun des pas qui mènent vers l'acquisition de ces qualités. La personnalité n'a rien de statique : elle peut s'affaiblir comme le fait notre corps, et on peut lui rendre la santé comme à celui-ci.

13. Voir la note n° 10, p. 50.

Je l'ai déjà dit, une personne intelligente, douée de tact et de bonne volonté, pourrait accomplir chacune des tâches différentes énumérées dans la longue liste que contient le présent chapitre, mais la combinaison de ces diverses tâches est impossible sans formation préalable. Considérons un instant ce que comporte une telle combinaison dans un des cas cités précédemment.

La déléguée du juge des enfants chargée de veiller sur Maria Bielowski devait être à même de déterminer exactement les faits qui, dans le passé de sa pupille, étaient les plus aptes à révéler sa constitution innée et à démontrer les effets du milieu sur sa personnalité. Elle devait, de plus, posséder l'habileté de ne pas se laisser tromper par les apparences, et savoir obtenir des parents, des institutrices, des patrons, les renseignements relatifs aux points ci-dessus mentionnés ; elle devait, après avoir écarté les réponses sans portée, se baser sur les témoignages sérieux pour en tirer des conclusions correctes. Il était important, en outre, de trouver un véritable foyer pour Maria, puisque le sien semblait lui faire du tort, et d'amener la famille ainsi choisie à recevoir cette jeune fille. Enfin, la déléguée devait faire rapport au juge sur tous ces faits, sur toutes ces opérations, et il fallait que ce rapport fût concis, clair et impartial, afin de permettre à ce magistrat de prendre sans délai une décision équitable. Sans même mentionner la formation donnée à Maria durant les huit mois suivants, qu'elle passa à l'école, combien de choses sa tutrice ne devait-elle pas connaître au sujet des médecins et des psychiatres à consulter, au sujet du choix judicieux d'un foyer où une jeune fille de caractère difficile pouvait trouver du travail, au sujet de sa propre collaboration avec les institutrices, au sujet des moyens de se procurer à l'enfant des récréations appropriées. Rien, toutefois, dans cette expérience spécialisée, ne fut plus important que l'habileté, la compréhension et la patience qui permirent de diriger la jeune fille. Il fallait savoir ce que faisait Maria, sans décourager son initiative. Il fallait obtenir sa collaboration à tous les projets qui la concernaient, sans témoigner à ses caprices l'indulgence facile qui aurait servi seulement à lui faire perdre tout respect. Il fallait préparer rapidement un nouveau plan – changement de famille, d'occupations, de récréations, dès qu'on s'apercevait que les plans antérieurs perdaient de leur efficacité. Et la combinaison de tous ces moyens dont la mise en œuvre aboutit au développement de la personnalité de Maria, constitue un exemple de service social intensif des cas individuels qui révèle une habileté professionnelle.

Dans l'ensemble des cas que nous venons de passer en revue, seize personnes sont impliquées directement. Demeurent-elles, sauf accident imprévu, assurées d'entretenir de meilleures relations avec le monde dans lequel elles vivent, et d'en arriver à un développement personnel plus intense, grâce au traitement social individuel dont elles ont bénéficié ? Étant donnés les faits que nous avons rapportés, ainsi que l'attitude mentale et les conditions de vie extérieure de ces clients au moment où les assistantes sociales les ont rencontrés pour la première fois, la personnalité de la moitié d'entre eux au moins s'est-elle ou ne s'est-elle pas développée d'une façon manifeste ?

Je ne cherche pas à donner une réponse catégorique à cette question. Je laisse chacun de mes lecteurs en juger à son gré.

5. L'INTERDÉPENDANCE HUMAINE

Le héros du livre de Johan Bojer *La grande faim*[1], dont l'esprit avait été farci de systèmes, de théories et de principes, en vint finalement à se dire : « Ne méprise pas une seule créature humaine. Tous les hommes sont faits de la même matière, celle qui a servi à pétrir l'humanité en général. Le monde infini se reflète dans le microcosme. Puisque tu veux que tous marchent avec toi vers la grande aube, aide cet homme. » Je cite cette conclusion de Harold Mark au commencement du chapitre sur les relations de l'individu avec la société, parce qu'il est facile de perdre de vue le côté personnel du service social des cas individuels, lorsqu'on en recherche la base philosophique. Les assistantes sociales ne doivent pas l'oublier, il ne peut y avoir ni découvertes, ni progrès dans leur art si elles ne se dévouent pas à l'élément humain qui est la matière même de leur travail.

Parlant de la tâche la moins réconfortante, la plus déprimante même qu'offre le service social dans les établissements de bienfaisance une assistante, attachée à un hospice, écrivait récemment au cours d'une lettre personnelle : « Dans sa reliure de cuir ancien, un vieux roman oublié a pour l'amateur un charme qui fait totalement défaut à tel livre neuf et pimpant, le gros succès de la saison. On peut en dire autant de nos hospitalisés. Ces gens obscurs, victimes de tragédies solitaires, prennent un empire remarquable sur quiconque vient à les connaître. » C'est cet esprit qui détruit les stratifications sociales artificielles. Lorsqu'on voit des assistantes préconiser un mode de traitement social pour les gens qui se trouvent en dessous de ce qu'elles appellent « la frontière de la misère », et un autre mode, vraisemblablement supérieur, pour ceux qui sont au-dessus de ce niveau, on sent reparaître, dans un domaine où elle n'a que faire, l'ancienne habitude d'établir des distinctions parfaitement inutiles entre les différentes classes sociales.

1. Roman traduit du norvégien par P.-G. Chemais, Paris, 1920, (En anglais, *The Face of the World*, trad. Jessis Miur, New York, Moffat et Co 1919).

Le praticien consciencieux n'a pas une médecine pour les pauvres et une autre pour les riches. Huxley a prononcé une parole qui devrait corriger les partisans de la stratification lorsqu'il a écrit: « Je me demande parfois si les gens qui parlent avec une telle désinvolture d'éliminer les inaptes, ont jamais considéré sans passion leur propre cas. Il faut sûrement être parfait pour ne pas se souvenir d'une ou de deux occasions où l'on ne se serait que trop aisément fait classer parmi ces mêmes inaptes[2]. »

Un critique, parlant d'un de mes livres antérieurs sur le service social, a eu l'amabilité de déclarer que mon étude n'était « rien sinon concrète ». Au risque de paraître tomber cette fois dans l'excès contraire, je désire pousser plus loin la définition proposée dans mon dernier chapitre; je vais essayer de rattacher le service social des cas individuels aux autres tentatives conscientes, faites pour adapter l'homme à la vie sociale. L'assistante sociale a son habileté professionnelle, mais celle-ci doit être doublée d'une philosophie. Si nous voulons comprendre *ce qu'est* le travail social des cas individuels, nous devons envisager *pour quelles raisons* il existe, et poursuivre cette enquête à travers les accidents de la civilisation jusqu'au grand courant par lequel l'humanité progresse. Si le service social des cas individuels a sa place dans l'ordre du monde, s'il a un rôle, non pas seulement un rôle actuel, si important soit-il, mais un rôle permanent dans la lutte pour l'amélioration des conditions d'existence du genre humain, quelle est sa place et quel est ce rôle?

J'aborde cette partie de mon sujet, non pas de la façon la plus logique peut-être, mais par la voie qui m'en a révélé graduellement l'importance: assistante sociale, mon intérêt pour la philosophie s'est petit à petit dégagé de mon travail quotidien. J'ai grandi dans une société imbue de la conception romantique qui fait de l'individu une sorte de « cavalier solitaire ». L'individu, qui s'était, pensions-nous, laissé prendre au piège du contrat social, devait se protéger de son mieux contre les atteintes de celui-ci. Je me souviendrai toujours de la surprise qui me causa la théorie d'après laquelle l'existence de la société a précédé celle de l'homme[3]. Ce fut seulement bien des années plus tard que, grâce aux théories de la psychologie moderne, je me rendis compte de la manière dont la connaissance de son moi vient à l'homme en juxtaposant laborieusement ses observations au sujet des actions et des réactions de ses semblables. James Mark Baldwin fut un des premiers psychologues qui mit en lumière cette découverte; il dit dans ses *Interprétations sociales et éthiques*:

> « Le développement de la personnalité de l'enfant ne pourrait absolument pas se poursuivre sans la modification constante de sa conscience personnelle par des suggestions venant de son entourage. Ainsi, à chaque étape, il est réellement en partie quelqu'un d'autre, jusque dans sa propre conception de lui-même. »

2. Huxley Thomas, *Evolution and Ethics*, p. 39, (Cité par Edwin C. Conklin dans *The Direction of Human Evolution*).

3. Pierre Kropotkine, *L'entr'aide, un facteur de l'évolution*. Traduit de l'anglais par Bréal. Paris, Hachette, 1906.

Et, dans un chapitre traitant de l'hérédité sociale, Baldwin ajoute :

> « L'enfant naît dans un certain milieu social, comme il naît dans un air d'une certaine qualité. À mesure qu'il se développe physiquement en respirant l'un, il se développe mentalement en absorbant l'autre. L'influence est aussi réelle et aussi tangible dans les deux cas[4]. »

Royce développe le même point de vue en plusieurs endroits, dont le suivant est assez caractéristique :

> « En résumé, donc, je devrais affirmer ici, comme une vérité psychologique, ce que j'ai démontré plus longuement ailleurs, à savoir qu'on apprend à un enfant à être conscient de lui-même comme on lui apprend toutes les autres choses, par le moyen de l'ordre social qui l'éduque. S'il pouvait grandir seul, dans une nature exempte de vie, rien ne prouve qu'il deviendrait plus conscient de lui-même que ne l'est actuellement un chat bien élevé[5]. »

Le professeur George M. Mead, de l'Université de Chicago, va plus loin encore quand il affirme que la société n'est pas seulement le moyen par lequel se développe la personnalité, mais aussi la source et l'origine de celle-ci. Malheureusement, il a peu publié et son œuvre n'est pas suffisamment accessible au grand public.

On a parfois désigné sous le nom de « théorie du moi élargi » cette explication de la vie et du développement mental de l'homme. Elle est une des pierres angulaires du service social des cas individuels. Nous avons tous besoin de nous débarrasser des derniers vestiges de cette conception qui nous hante encore, et qui fait résider l'intelligence de l'homme quelque part dans sa tête ou dans un lieu quelconque de l'espace. À n'importe quel moment, la constitution mentale de l'homme est formée par la somme des dons naturels qu'il a eus jusqu'à ce moment. Heureusement pour l'assistante sociale, la mentalité humaine n'est ni fixe ni inaltérable, sauf le cas d'anomalie ou de maladie incurable. Au contraire, elle vit, elle croît, elle change, elle est infiniment sensible aux suggestions, elle est capable de recevoir de puissantes impressions du dehors, de former de nouvelles habitudes, de saisir les occasions qui se présentent, d'assimiler le bien comme le mal. « De tous les animaux, dit le professeur Hocking, c'est l'homme pour qui l'hérédité compte le moins et les forces constructrices conscientes le plus. Si l'on considère que son enfance est la plus longue, sa faculté d'acquérir des habitudes et de les modifier la plus marquée, sa susceptibilité aux impressions sociales la plus vive, il apparaît clairement que la nature l'a doté des éléments nécessaires pour qu'il puisse éventuellement la supplanter… La nature peut achever d'autres créatures ; la créature humaine doit s'achever elle-même[6]. »

4. Baldwin James Mark, *Social and Ethical Interpretations in Mental Development*, p. 30 et p. 70. New York, The Macmillan Company, 1902.
5. Royce Josiah, *Studies of Good and Evil*, p. 208, New York, D. Appleton and Co, 1910.
6. Hocking William Ernest, *Human Nature and Its Remaking*, p. 9-10, New-Haven, Yale University Press, 1918.

Il résulte de ces données que l'assistante sociale connaîtra une partie très importante de la vie de son client, qu'elle comprendra beaucoup mieux les difficultés dans lesquelles il se débat et les possibilités qu'il a en lui, lorsqu'elle aura réussi à se faire une idée assez claire de ses relations sociales, lorsqu'elle aura découvert, par exemple, l'attitude prise envers lui par sa famille, ses camarades, ses compagnons de travail, ses amis politiques, ses coreligionnaires, ainsi que son attitude vis-à-vis d'eux, lorsqu'elle aura étudié enfin sa façon d'être à l'égard de son travail, de ses délassements, des institutions du quartier ou de la collectivité dans laquelle il vit, ses sentiments à l'égard de son pays.

J'avais un jour, dans une mes leçons, relaté un incident isolé de l'histoire de Maria Bielowski[7]. L'une de mes auditrices émit l'opinion que la tutrice de Maria devait être une spécialiste de la psychiatrie, tandis qu'une autre me demanda si elle n'avait pas été institutrice. D'autres encore auraient pu, aussi bien, me demander si cette tutrice n'était pas médecin ou infirmière visiteuse, car, en réalité, le service social des cas individuels et toutes ces autres professions, bien qu'ayant leur champ d'action spécial, possèdent en commun un large terrain d'activité, où s'opère leur rencontre. Que chacune de ces professions ait sa tâche propre, nous le voyons bien par le travail du psychiatre et par celui de l'assistante sociale. Ils partent tous deux d'un point identique, situé au cœur même de la personnalité malade, mais le psychiatre s'évertue à y pénétrer de plus en plus profondément, tandis que l'activité de l'assistante sociale rayonne vers le dehors, en suivant le fil des relations sociales de son client. Lorsque le mal est surtout individuel et mental, on a recours au psychiatre ; lorsqu'il relève du milieu, et qu'il prend un caractère social, on fait appel à l'assistante sociale ; lorsqu'il s'agit enfin d'une personnalité déséquilibrée, aux prises avec une situation sociale défavorable et compliquée, il est en général indispensable d'avoir recours, et au psychiatre, et à l'assistante sociale.

Cette façon d'aborder un individu par ses relations sociales, bien qu'elle ne puisse se substituer aux méthodes d'aucune des autres professions citées plus haut, devient de plus en plus indispensable à mesure que le caractère de l'évolution humaine va du physique et de l'individuel vers le social. Le « self-made man » n'existe pas, et cette expression, si courante autrefois, est à présent abandonnée. Il peut arriver à chacun de nous, il nous est déjà arrivé à tous plus d'une fois, de nous trouver désadaptés d'avec notre entourage, par suite de notre incapacité de nous élever à la hauteur des circonstances, par suite d'une épreuve temporaire ou d'une perte irréparable. Plus le mécanisme de la société est compliqué et plus l'individu est organisé, plus la réadaptation devient dans chacune de ces circonstances une tâche délicate.

La sensation d'être frustré de quelque chose ne cède pas à des conseils généraux vagues et optimistes. Pour pouvoir aborder le traitement social de ces cas, l'assistante doit apprendre l'art de découvrir ce qui intéresse principalement son client, et savoir se servir des penchants de celui-ci pour renouer des liens brisés, ou pour lui donner ce qui lui manque, un but dans l'existence. Voici deux exemples :

7. Voir chapitre II.

> Une de mes anciennes élèves, qui travaillait dans une partie du pays où le service médico-social n'existait pas, était souvent appelée, en sa qualité de secrétaire de la société de la protection familiale de la ville, à seconder le médecin local dans le traitement des cas de pellagre. Dès que ces praticiens se furent rendus compte des résultats qu'elle pouvait obtenir, grâce à son habileté dans le service social des cas individuels, ils commencèrent à invoquer son aide pour des cas qui n'étaient pas compliqués, ni par des besoins matériels, ni par des situations familiales anormales. Dans la pellagre, à certains moments, le malade souffre d'une horrible dépression nerveuse. Si l'infirmière ou la garde se montre d'une gaieté exubérante, elle ne fait qu'accroître cette dépression, tandis qu'une personne qui sait fouiller les conditions du milieu social et le passé de son malade y trouvera quelque penchant à ranimer, quelque goût à cultiver, et de cette manière arrivera à lui procurer la seule chose qui lui rendra l'existence tolérable.
>
> Deux de mes camarades de collège devinrent, il y a quelques années, leurs études terminées, assistantes bénévoles dans les œuvres d'assistance familiale de leurs villes respectives. L'une d'elles, au cours de son travail, fit la connaissance d'une femme abandonnée avec trois petits enfants. Les conditions dans lesquelles vivait cette famille étaient pitoyables. L'assistante se mit immédiatement à l'œuvre pour améliorer la santé et le bien-être matériel de la famille, tandis que, d'autre part, elle rechercherait le père, dont on n'avait aucune trace. On le trouva dans la ville où résidait la compagne de collège de l'assistante, que l'on chargea de faire sa connaissance. Il s'était rendu là pour trouver du travail et y ayant réussi, il en était arrivé peu à peu à oublier complètement sa famille absente et à dépenser son salaire pour ses plaisirs personnels.
>
> Ces deux femmes zélées se mirent à élaborer divers projets pour ramener le père au sentiment de ses devoirs, et elles firent tant et si bien que maintenant la famille, définitivement réunie, jouit d'une prospérité inconnue jusqu'alors. Lorsque, longtemps après, je questionnai la seconde assistante bénévole pour tâcher d'apprendre ce qui, d'après elle, avait été le secret de la réussite, elle répondit: « J'attribue le commencement, tout au moins, de mon succès au fait d'avoir découvert la seule chose qui intéressât véritablement cet homme dans la vie et d'avoir pu bâtir sur cette fondation. Passionnément dévoué à son syndicat, et que je me tenais au courant du mouvement syndical, nous eûmes un point de contact. Ce fut ainsi qu'il mit de plus en plus de bonne volonté à écouter ce que j'avais à lui dire concernant ses enfants et leur avenir. »

En d'autres termes, tout intérêt sincère porté à une chose sérieuse ou saine porte en soi un pouvoir latent d'irradiation; il établit un lien avec d'autres intérêts de même valeur ou de valeur supérieure, à condition que nous soyons assez habiles pour frayer le sentier dans lesquels les uns et les autres peuvent se rencontrer et s'unir.

Quand il m'arrive de devoir assister à une conférence où des cas de mauvaise adaptation sociale, comme celui que je viens de décrire, forment l'objet de la discussion, j'aime toujours voir la personne qui expose la situation ne pas se confiner trop étroitement dans le simple exposé des difficultés au milieu desquelles se débat actuellement son client. On a plus de chances de trouver le remède, s'il en existe un, en tentant de rapprocher autant que possible le client des conditions normales de sa vie antérieure, ou en s'efforçant de découvrir ce qui l'intéresse véritablement et quelles ont été dans le passé les expériences qui ont influé sur lui en bien ou en mal. Malheureusement, de nombreuses décisions qui, dans certains cas, portent sur tout l'avenir d'un client – décisions concernant les soins physiques à donner, l'hygiène mentale, la formation professionnelle, un changement d'occupations, etc. – sont encore prises sans aucun sens de la valeur et de l'importance des antécédents, des dispositions naturelles, des liens naturels. Voici, d'une part, le client, de l'autre la personne qualifiée pour prendre des décisions ou élaborer un programme. On agit comme si l'on avait affaire à une personne ou à une famille échouée sur une île déserte, alors que chacun de nous est entouré d'un réseau de relations dont les unes n'exercent plus d'influence active, dont d'autres, encore agissantes, peuvent être dérangées ou détruites par une immixtion maladroite, dont d'autres enfin seront toujours opérantes, quelle que soit la décision à laquelle on s'arrête.

En prenant une détermination quelconque touchant le bien-être d'autrui (et dans tout ordre social conçu jusqu'ici des déterminations semblables devront être prises), il ne nous est pas possible de baser nos responsabilités envers nos semblables sur cette théorie de l'île déserte, fût-ce dans le cas extrême de l'enfant trouvé sur notre seuil : lui aussi, du fait même qu'il existe, témoigne de relations humaines que les membres responsables de la société ne peuvent ignorer.

Autrefois, quand le service social des cas individuels n'avait, pour ainsi dire, qu'une seule dimension, on ne trouvait en présence l'un de l'autre que l'assistante sociale et son client, et, en théorie au moins, tous, hormis l'œuvre qui s'occupait de lui, supposaient le client totalement dénué de ressources. Plus tard, l'assistante sociale, commençant à regarder autour d'elle, s'est efforcée d'accomplir un programme fixe de visites aux proches de son client, à ses instituteurs, à ses patrons et aux autres personnes ayant été en relations avec lui, afin d'apprendre ce qu'ils savent à son sujet et, dans certains cas, de s'assurer leur concours. On peut dire que cette nouvelle phase ajouta une seconde dimension au service social des cas individuels. Celui-ci n'eut plus seulement une longueur, mais aussi une largeur. Le fait que les rapports sociaux sont dynamiques suggère l'idée que la phase suivante du développement consiste à mettre en présence le client et les personnes avec lesquelles il a des relations sociales, ou à lui faire prendre contact avec quelques-unes tout au moins de ces personnes. On peut alors voir ces relations à l'œuvre, au lieu de se borner à en obtenir une description de seconde main. Ces observations doivent naturellement être faites de telle manière que l'on puisse s'en inspirer pour les décisions à prendre. Dans certaines villes, l'étude des réactions d'un groupe de personnes aux suggestions de l'assistante sociale et l'usage qui est fait des résultats de cette étude, sont déjà en voie de donner au service social des cas individuels sa troisième dimension. La réunion de famille des Allegri, décrite dans le chapitre III, en est un exemple. Les entrevues de l'assistante sociale avec chacun des parents et amis avaient préparé la voie, mais ce fut seulement quand toutes ces personnes eurent été assemblées et qu'elles eurent participé à l'élaboration d'un plan d'action, que la réunion de famille assuma ses véritables proportions et acquit une réelle cohésion.

Il y a de nombreuses années, une colonie anglaise d'ouvriers en boutons vint s'établir dans une cité de la Nouvelle-Angleterre[8]. Un des membres de cette colonie, fils d'un ouvrier en boutons, avait plusieurs enfants qui adoptèrent le même métier. L'un d'eux, dont nous allons raconter l'histoire, épousa la fille d'un ouvrier en boutons. Les frères de cette jeune fille avaient installé une fabrique de boutons. Ce couple eut six enfants, tous délicats, quelques-uns sérieusement atteints dans leur santé.

L'industrie à laquelle toute la famille était si intimement liée, souffrait de longues périodes de chômage : par surcroît, les conditions du travail, dans le passé, avaient souvent été malsaines. Nous n'essaierons pas de démêler dans ce court récit l'action réciproque des causes et des effets, si caractéristique des phénomènes sociaux, par opposition aux phénomènes naturels. Je me bornerai à noter ici que le mari s'adonna à la boisson et que sa femme, à un degré moindre, suivit son exemple. Leur famille s'éloigna d'eux et la misère s'installa au foyer. Ce fut à ce moment qu'une assistante sociale les découvrit ; elle put discerner encore, sous la saleté et le dénuement, des vestiges de raffinement. Un examen médical révéla bientôt que le mari était atteint de tuberculose, mais il refusa de se rendre dans un sanatorium. On parvint à décider les époux à visiter cet établissement, accompagnés de l'assistante sociale, mais le mari persista dans son refus. On fit alors une enquête discrète pour découvrir celui de ses compagnons de travail qui avait sur lui la plus grande influence. On l'induisit à intervenir, et il arriva à obtenir le résultat désiré.

Des arrangements furent pris pour permettre aux divers membres de la famille de continuer à vivre ensemble et pour améliorer leurs conditions d'existence pendant l'absence du mari. Nous n'avons pas à nous occuper ici en détail de cette partie de la tâche de l'assistante sociale. Notons toutefois qu'elle alla trouver chacun des proches, qui habitaient dans des États différents, qu'elle rétablit des relations suspendues depuis des années, et que tous les parents, ainsi que la paroisse à laquelle appartenait la famille, participèrent activement aux plans qu'elle forma.

Dans l'histoire de ce client, l'industrie des boutons reparaît à chaque instant. Après que l'absence du chef de famille eût duré quelques mois, le beau-frère fabricant, qui n'avait jusque-là pris aucun intérêt au mari de sa sœur, lui offrit un travail moins fatigant et bien rémunéré. La femme, en grand émoi, écrivit à son mari pour lui soumettre cette offre, et l'engager à revenir immédiatement. Ce ne fut qu'après avoir écrit qu'elle alla trouver l'assistante sociale et lui dit ce qu'elle avait fait. Un télégramme fut immédiatement envoyé au directeur du sanatorium, car le malade n'était pas encore guéri, et il importait beaucoup qu'il restât où il était. Ensuite, on convint avec le futur patron – le beau-frère – qu'il renouvellerait son offre quelques mois plus tard, et l'assistante sociale fut autorisée à envoyer au sanatorium un second message annonçant que la place n'était plus vacante pour le moment.

8. On appelle ainsi les États-Unis du Nord-Est de l'Amérique.

> Pendant ce temps, on avait pris des mesures énergiques concernant la santé des enfants. Plusieurs étaient pré-tuberculeux, et l'un deux souffrait d'une tuberculose au premier degré. On plaça ce dernier en traitement à la campagne pour une longue période et on mit les autres en observation dans une institution de l'État. Un dernier enfant fut soigné chez lui pour une affection oculaire sérieuse. Ce n'était guère chose aisée que de réparer les effets d'une négligence qui remontait à tant d'années ; le plus jeune enfant, un nourrisson, ne survécut pas à son second été. Les autres enfants sont maintenant parfaitement bien portants. Quand le père rentra chez lui, guéri et capable de reprendre un travail régulier, c'est dans un foyer véritable qu'il revint.
>
> Outre les œuvres sociales, quatre groupes de personnes avaient participé à cette amélioration. Comme tous savent exactement par quels moyens on est arrivé à effectuer cette transformation, et qu'ils resteront probablement en rapports constants avec la famille, il est peu probable que celle-ci ait encore besoin dans l'avenir des services d'une assistante sociale. Comme l'a dit celle qui a le plus contribué à ce résultat, les proches, la paroisse, les compagnons de travail de cet homme et son patron, ont tous « appris le jeu ». La famille l'a appris également.

Un travail social d'un caractère aussi intensif demande du temps et de l'habileté, mais s'appuyant, comme il le fait, sur les relations sociales d'un groupe entier, il possède une permanence et une signification sociales, qui font plus que justifier l'effort accompli. Les spécialistes de la psychologie sociale n'ont guère été jusqu'à présent d'une grande utilité comme guides dans la pratique de ce travail. C'est peut-être parce que les psychologues sociaux se sont principalement occupé des réactions en masse, et qu'il est presque impossible d'observer et de relater celles-ci d'une manière exacte. Aussi, pour la plupart, se sont-ils réfugiés dans la discussion d'abstractions. L'un base sa théorie sur un seul instinct, un autre essaye de classifier les instincts, un troisième étudie la psychologie des foules[9]. Pourquoi ne pas adopter une méthode inverse et commencer l'étude de la psychologie sociale par celle du plus petit groupement social que les hommes aient jamais constitué ? Les méthodes de laboratoire ne peuvent être employées ici, mais nous pouvons recourir à l'observation experte et précise : et, en étendant la méthode actuelle du service social des cas individuels, méthode qui est loin d'être parfaite, il est vrai, mais dont la technique progresse régulièrement, l'on pourrait fournir au psychologue social, qui attaquerait son sujet par l'étude des petits groupes, une arme nouvelle, toute prête à être utilisée.

Nous connaissons tous cette sorte de sixième sens, qui donne l'intuition des conditions d'existence et de l'ambiance d'un quartier, et que nous trouvons généralement bien développé dans le personnel d'une bonne résidence sociale. Entre cet instinct et l'analyse scrupuleuse des situations individuelles par les méthodes

---

9. Walter Lippmann dans la *New Republic* du 15 décembre 1920 dit : « On peut affirmer d'une façon certaine qu'aucune psychologie collective n'ira bien loin ou n'ira bien profondément si elle part du groupe considéré dans son ensemble au lieu de se baser sur la disposition des individus à former des groupes ». Voir aussi les références relatives aux critiques du professeur Dewey sur la psychologie sociale d'aujourd'hui dans *American Journal of Sociology*, vol. XXVI, p. 454.

du service social, s'étend un champ encore inexploré, auquel le psychologue social aurait avantage à accorder une attention plus grande. Tout en restant sur un terrain ferme, il pourrait alors étendre ses recherches aux groupements qui se sont formés par l'intégration de groupes plus petits. Mais, pour le moment du moins, ne devrait-on pas consacrer plus de temps à l'étude des réactions normales d'un groupe de deux, de trois, ou de plusieurs personnes, dans des conditions qui se prêtent à l'observation scientifique ?

6. LES CARACTÉRISTIQUES INDIVIDUELLES

J'ai dit que le but fondamental du service social des cas individuels, est la conservation et le développement de la personnalité, et que ce but lui est commun avec plusieurs autres formes de service. Mais les domaines de l'enseignement, de la médecine, de la psychiatrie, de la religion et du service social des cas individuels ne sont pas identiques ; le fait que chacune de ces disciplines pourrait et devrait emprunter aux autres n'implique l'identité ni des méthodes, ni des résultats. La civilisation ira plus loin et ses progrès laisseront moins de déchets si, comme on dit familièrement, elle ne met pas tous ses œufs dans le même panier, et si l'instituteur, le médecin, le prêtre, l'assistante sociale font chacun la besogne qu'ils sont le mieux à même d'accomplir.

Nous avons vu que l'assistante sociale spécialisée dans le service des cas individuels aborde sa tâche par l'étude des relations sociales de l'individu et leur réadaptation. Chacune de ces relations a deux pôles, l'un dans l'esprit du client de l'assistante sociale, l'autre dans le milieu de ce client, c'est-à-dire dans l'esprit d'autres êtres ou de groupes d'êtres avec lesquels il est en rapport. On ne peut tracer une ligne droite, et placer d'une manière définie, d'un côté de cette ligne, les traits dont une personne a hérité, de l'autre celles de ses caractéristiques qui sont dues à l'influence du milieu. La vie n'est pas aussi simple que cela. Mais le travailleur social, si profondément intéressé qu'il soit aux relations de groupes dont je viens de parler, ne doit pas ignorer l'autre aspect. Les dons naturels de son client, ses capacités, ses défauts, ses idiosyncrasies, les façons d'être par lesquelles il diffère de ses semblables, toutes ces circonstances influencent à leur tour le milieu social, par lequel ce client sera lui-même ultérieurement influencé.

« Il n'est pas indifférent de constater, dit miss Follet, que l'appréciation des valeurs sociales s'est développée de pair avec la considération accordée à l'individu[1]. » Et la double nature de la tâche accomplie par l'assistante sociale vouée

1. Follet, M.P., *The New State*, p. 162, New York, Longman, Green and Co, 1918.

au service des cas individuels est indiquée dans cette déclaration déjà citée du professeur Maciver que socialité et individualité sont les deux aspects d'une même réalité[2].

Ceci nous amène à envisager le rôle de l'hérédité, par opposition à celui du milieu. Ici, je dois abandonner les philosophes, et prendre pour guides les biologistes et les eugénistes d'une part, les psychologues et les sociologues de l'autre. L'un des savants qui ont le plus d'autorité dans le premier groupe résume la situation comme suit :

> Il est évident que le milieu et l'éducation jouent un rôle plus grand dans le développement de l'homme que celui des autres animaux, alors que la part de l'hérédité reste la même : mais il est difficile, sinon impossible, de déterminer l'importance relative de ces trois facteurs. Dans le domaine de l'intelligence et de la morale, la plupart des personnes sont portées à donner plus de poids aux facteurs extrinsèques qu'aux facteurs intrinsèques ; toutefois, cette opinion ne repose pas sur des faits démontrables. Pour les organismes placés en dessous de l'homme, on convient généralement que l'hérédité est le facteur le plus important, et ceux qui ont fait une étude approfondie de l'hérédité ont la même opinion en ce qui concerne l'homme[3].

Mais une difficulté surgit dans la pratique ; les savants qui se sont livrés à une étude approfondie de l'hérédité ont rarement fait une étude également approfondie de la vie mentale et sociale de l'homme. En fait, plus on lit d'ouvrages traitant de l'un et de l'autre aspect de ce sujet, plus on se persuade que l'importance relative de l'hérédité et du milieu, comme facteurs du développement humain, est une question dont la solution n'a pas encore été trouvée. Le Dr Myerson, dans son étude des malades de l'hôpital pour aliénés de Taunton (Mass.) exprime l'opinion que les lois de Mendel ne s'appliquent pas à l'hérédité humaine, parce que les conditions qui furent observées soigneusement au cours des expériences mendeliennes, dans les croisements entre variétés de la même espèce, n'existent point parmi les créatures humaines. On n'a pas démontré, déclare-t-il, que les lois de Mendel soient applicables à un seul caractère humain normal de type simple, à part peut-être la couleur des yeux[4]. Les eugénistes, d'ailleurs, ne parlent avec autorité qu'en matière d'hérédité physique : on confond souvent celle-ci avec l'hérédité sociale, qui est une chose toute différente.

Graham Wallas a écrit dans son nouveau livre *Our Social Heritage* quelques pages qui jettent une vive lumière sur l'hérédité sociale. Celle-ci ne se retrouve pas seulement dans l'espèce humaine, mais aussi dans toutes les espèces animales dont les petits restent pendant une période comparativement longue avec leurs parents. Ainsi, les poissons et divers insectes ne possèdent pas d'héritage social, alors que celui-ci existe chez les oiseaux dont la vie est plus longue, et qui restent plus longtemps avec leurs parents. La préface de Wallas expose d'une façon

---

2. Voir la note 4 au bas de la page 46.
3. Conklin Edwin Grant, *Heredity and Environment*, pp. 366-367, Princeton, Princeton University Press, 1916.
4. Myerson A., *Psychiatric Family Studies*. The American Journal of Insanity, Vol. LXXIII, p. 360, Baltimore, The Johns Hopkins Press. 1917.

intéressante la valeur de cet héritage social comme facteur de survivance[5]. Les effets produits sur l'homme par la grande masse des traditions sociales, facteur si puissant de la formation des habitudes, n'ont pas l'inaltérabilité caractéristique des traits transmis par le plasma germinatif. C'est toutefois une hérédité dans ce sens que l'homme l'acquiert par sa naissance. Outre cette hérédité, nous devons encore compter avec tous les effets qu'exercent l'éducation, la religion, le gouvernement et les rapports sociaux sur l'existence de l'individu, libre de ses mouvements et participant à la vie sociale. La perspective n'est pas aussi sombre que voudraient nous le faire croire certains eugénistes, qui demandent l'abolition des opérations du service social et l'utilisation des fonds ainsi devenus disponibles à l'extension des recherches eugéniques.

Toutefois, la leçon fondamentale que nous donne l'eugénique n'est pas de celles qui peuvent être ignorées. Les travailleurs sociaux doivent regarder en face ce fait capital qu'il est des différences individuelles indéracinables parmi les hommes. La démocratie aussi doit envisager ce fait, et l'enseignement ne peut jamais le perdre de vue. Affirmer que nous différons les uns des autres paraît la vérité la plus banale, car non seulement nous devons compter avec les différences héritées et invariables, mais aussi avec toutes les dissimilitudes provenant de la diversité de nos impressions au cours de notre vie sociale ainsi que de la façon différente dont chacun réagit à la même impression. Cependant, peu de vérités évidentes sont aussi habituellement négligées par les hommes d'État, par les administrateurs publics, par la masse, et, j'ai le regret de le dire, par l'armée des travailleurs sociaux eux-mêmes, les chefs comme les soldats. C'est sur un autre fait, corrélatif du premier, que l'on continue surtout à appeler notre attention, à savoir l'existence d'une nature commune à tous les hommes. On a d'ailleurs raison de rappeler cette vérité dans les cas où, seuls, l'action et le traitement en masse peuvent conduire au résultat que l'on se propose.

Nos premières réactions vigoureuses contre l'État autocratique nous ont amenés à insister, non seulement sur l'égalité des hommes, mais sur leur ressemblance et même sur leur uniformité. Le mot égalité, comme l'a fait remarquer Felix Adler, en arrive à :

> Être considéré à tort comme équivalant à ressemblance, dans le sens d'identité, et non dans le sens d'une similitude sur laquelle ressortent les dissimilitudes souhaitables… Il faut appuyer sur les différences ; elles sont les points lumineux dans la vie spirituelle de l'humanité. Dire que tout homme est l'égal de ses semblables signifie que chacun a les mêmes droits à devenir différent des autres, à acquérir une personnalité distincte, à projeter son propre rayon dans le faisceau des couleurs diverses dont la combinaison forme la lumière blanche de la vie spirituelle[6].

5. Wallas Graham, *Our Social Heritage*, pp. 14-23, New-Haven, Yale University Press, 1921.
6. Adler Felix, *An Ethical Philosophy of Life*, p. 142 et suivantes, New York, D. Appelton and Co, 1918.

Il subsiste encore en réalité plus d'une trace d'autocratie dans notre politique traditionnelle, qui s'inspire du principe « la même chose pour tous ». J'ai attiré l'attention sur cette tendance autocratique dans une allocution faite à la Conférence nationale du service social en 1915[7]. Trois ans plus tard, Gertrude Vaile a poussé cette idée plus loin devant la même assemblée[8], dans un mémoire sur *La contribution du service social des cas individuels à la démocratie*. Lorsque nos ancêtres, affirmait-elle, disaient que « tous les hommes ont été créés libres et égaux », ils prétendaient par là que tous ont droit aux mêmes avantages. Elle appuyait sa thèse sur cette parole significative de Platon : « L'essence de l'égalité consiste à traiter les choses inégales d'une manière inégale[9]. » Si nous admettons que l'État existe pour le plus grand bien de ceux qui le constituent, nous devons de même convenir qu'il n'est pas de leçon dont la démocratie doive s'inspirer davantage aujourd'hui que de ce principe de bonne administration : *traitez les choses inégales d'une manière inégale*.

J'ai quelquefois mis en lumière l'habitude commune d'admettre et d'ignorer à la fois les différences qui distinguent les hommes, en rappelant la façon dont notre esprit tend à agir, lorsque nous étudions un groupe de personnes qui ne nous sont pas familières, un groupe de Chinois par exemple. Nous sommes tentés d'admettre que, d'une manière générale, ils n'ont avec nous aucune ressemblance humaine ; nous les traitons comme s'ils appartenaient à une classe à part, et nous ignorons complètement les variations qui existent parmi les membres de ce groupe. À nos yeux d'étrangers, ces Orientaux ont tous le même aspect et semblent les mêmes êtres, et notre ignorance, qui nous trahit, nous entraîne à les traiter tous de la même manière. Il suffirait de partager un instant leur vie avec sincérité pour voir ressortir immédiatement leurs différences individuelles, car chaque analyse des détails de leur existence balayerait les stratifications sociales et révélerait la diversité infinie des dons et des caractéristiques. Ce n'est qu'après nous être plongés ainsi à plusieurs reprises dans la réalité que nous arrivons à découvrir une vérité plus profonde encore : c'est alors seulement que nous commençons à nous faire une idée à peu près complète des ressemblances fondamentales de tous les hommes dans leurs relations et leurs expériences primaires, dans leurs luttes et leurs erreurs, dans leur besoin d'être guidés, dans leur droit d'être placés dans des conditions favorables, dans leur droit à un développement complet, dans leur droit à la diversité.

Pendant l'année qui suivit l'introduction du suffrage des femmes pour les élections fédérales, une campagne énergique fut menée en vue de supprimer les garanties légales dont le service social avait graduellement entouré le travail des femmes dans l'industrie. Au nom d'une égalité qui n'était autre chose que l'uniformité, beaucoup de femmes bien intentionnées cherchèrent à abolir toute cette

---

7. Alors désignée sour le nom de Conférence nationale des œuvres de charité. Voir Comptes rendus de la conférence de 1915. *The Social Case Worker in a Changing World*, p. 43.

8. Comptes rendus de la Conférence de 1918, p. 263.

9. Miss Vaile s'est servie, comme moi-même, de la paraphrase frappante que le Dr Henry van Dyke a faite des paroles de Platon. Ce passage se trouve dans le Livre VI des *Lois*, pp. 273-274 de la traduction de Jowett, édition de 1871.

législation protectrice. Jamais la formule de Platon n'avait été plus applicable que dans ce cas. Jamais il n'avait été plus important pour le bien de la race comme pour celui de l'individu, de traiter les choses inégales de manière inégale.

Il est encourageant de voir un radical mûri comme Graham Wallas exhorter la démocratie à reconnaître pleinement les différences individuelles. Abordant le domaine éducatif, il imagine l'instituteur se demandant s'il va traiter tous ses élèves de même ou s'il va baser sa façon de traiter chacun d'eux sur leurs différences, et il dit à se sujet :

> On ne pourra donner une réponse parfaitement simple à cette question que le jour où nos moyens d'évaluation psychologique seront plus complets et où nous aurons suffisamment progressé dans le sens de l'égalité sociale pour que les différences qui, à un moment donné, séparent les enfants les uns des autres dépendent, dans une mesure beaucoup plus large qu'aujourd'hui, de leur « nature » et beaucoup moins de leur « nurture » d'enfant riche ou pauvre, de leur milieu cultivé ou fruste. Mais, d'une façon générale, je suis persuadé que le progrès social se base déjà sur la reconnaissance des différences individuelles[10].

Ces considérations nous dévoilent les deux faces d'un programme réellement démocratique : par une action collective intelligente, ce programme égalise les chances de succès de tous ; d'autre part, il reconnaît la diversité en établissant des formes d'administration publique qui, chacune, font sans cesse des choses différentes pour des personnes différentes, et par des personnes différentes.

Dans son développement progressif, la méthode du service social des cas individuels a suivi de très près les phases qui viennent d'être décrites. Jadis, elle admettait à la fois, dans un groupe humain, et l'absence de traits universels, et la présence d'une rigide uniformité. Elle traitait des choses inégales d'une manière égale. Nous n'avons qu'à énumérer quelques-unes des classifications familières : les sans-travail, les déserteurs de la famille, les immigrés récents, etc. pour nous rendre compte que cette habitude persiste encore et pour reconnaître ses dangers. Nécessaire comme point de départ, la classification ne peut être transformée en un but. Certaines des folies commises récemment sous le nom d'américanisation remontent directement à l'habitude de considérer tous les immigrants comme des êtres essentiellement pareils, qu'il faut traiter d'une manière uniforme.

De même, en ce qui concerne les sans-travail, si nous laissons de côté les problèmes que créent les variations des conditions économiques et sociales, le commencement de la sagesse consistera à reconnaître qu'aucun programme uniforme d'action ne peut s'appliquer avec succès à tous les membres du groupe des sans-travail, parce que ceux-ci sont, malgré tout, essentiellement différents les uns des autres, même dans leur unique point de ressemblance, celui de leurs rapports avec l'industrie.

10. *Our Social Heritage*, p. 98.

Les uns peuvent être des ouvriers qualifiés, habitués à un emploi continu ; d'autres sont des travailleurs non qualifiés, mais ayant d'ordinaire un travail régulier ; d'autres encore ne font que des besognes occasionnelles, d'autres enfin, une petite minorité, sont inaptes au travail.

Admettre que tous ceux qui ont déserté leur famille sont pareils est une erreur du même genre, mais elle a été si bien réfutée dans un autre volume de la présente série[11] que je n'ai pas besoin de la mentionner ici.

De nos jours, les assistantes sociales spécialisées dans le service des cas individuels plongent de plus en plus courageusement sous la surface des choses, et les plus progressives d'entre elles, au moins, se sont ainsi persuadées de la merveilleuse diversité qui, se détachant sur le fond de notre commune nature, règne dans tout groupement social. Cette diversité s'impose de plus en plus à l'attention des assistantes sociales ; elle est l'élément unificateur du programme, fait d'innombrables détails, que seule une grande habileté leur permet d'appliquer avec maîtrise. Mises en présence d'un terme « omnibus » ou d'un remède général s'appliquant à une situation sociale, elles commencent immédiatement à dépister les dissemblances qui existent au sein du groupement considéré et cherchent à introduire les modifications nécessaires dans le traitement social suggéré. On note la disparition de ces formules mornes que l'on rencontrait autrefois dans les observations anciennes des cas individuels, comme : « Cette femme raconte toujours la même histoire. » Dans les dossiers individuels de beaucoup d'œuvres sociales, mais non de toutes, ces formules font place maintenant à des tableaux clairs et fidèles des situations et des individus qui se trouvent ainsi bien différenciés. Une de mes anciennes élèves écrit : « Je trouve que le service social des cas individuels vit et croît, tout comme la démocratie, et possède en lui le pouvoir d'effectuer une révolution. En fait, il ne peut y avoir de démocratie véritable sans ce service. »

J'ai eu, dans ces derniers temps, l'occasion d'examiner un certain nombre de brochures éditées il y a plus d'une quarantaine d'années, au moment où le mouvement en faveur de l'organisation de la charité commençait à prendre racine en Amérique. L'un des chefs qui dirigèrent ce mouvement à ses débuts écrivait alors : « Quand nous nous appliquons sérieusement à la tâche d'administrer la charité d'après un système judicieux, nous voyons que presque tous les cas se répartissent naturellement en quelques groupes principaux, et que l'application d'une juste loi à chaque cas devient bientôt évidente et facile. »

De nos jours, le travailleur social spécialisé dans le service des cas individuels, s'occupe d'un groupe plus varié ; il ne se borne plus à la classe relativement restreinte des bénéficiaires de secours charitables, mais, même dans ce groupe restreint, quarante années d'essais et d'erreurs ont prouvé que « l'application d'une juste loi à chacun » n'est rien moins qu'évidente et facile. Le fait est que les personnes qui se trouvent dans la même situation ne sont jamais aussi semblables entre elles qu'elles paraissent l'être. Néanmoins, cette généralisation erronée,

11. Colcord, Joanna C., *Broken Homes*, New York, Russell Sage Foundation, 1919.

usuelle autrefois, se répétera souvent encore, bien que sous des formes variées, dans les années qui vont s'écouler. C'est cette raison qui m'a fait insister sur ce sujet.

Pour le moment, toutefois, le problème ne consiste pas tant à démontrer la nécessité d'un traitement social différentiel qu'à développer la technique sociale spéciale qu'il exige et à augmenter le nombre des travailleurs bien préparés qui sont nécessaires pour faire de ce traitement une réalité. Il est à craindre que les départements publics et les œuvres n'abordent les tâches du service social des cas individuels avant de disposer du personnel possédant la formation nécessaire, auquel cas on s'agitera beaucoup, sans grand résultat.

Le succès, dans l'entreprise spéciale qui est connue sous le nom de service social des cas individuels, exige à un haut degré la faculté de percevoir l'essence propre à chaque être humain. Parmi les dons naturels de tout travailleur social spécialisé dans le service des cas individuels, doit figurer une déférence instinctive pour la personnalité et surtout pour les personnalités qui lui sont le plus étrangères. Établir un modèle d'excellence et exiger qu'on s'y conforme n'est pas son but. C'est au contraire son privilège de découvrir et de libérer ce qu'il y a de meilleur et d'unique dans chaque individu, d'aimer profondément le dessin infiniment varié de l'humanité et de s'efforcer, avec une âme d'artiste, de développer la profondeur et la richesse des tons dont ce dessin est revêtu.

7. LA BASE D'UNE ACTION RAISONNÉE

La restriction la plus importante commune à toutes les formes du service social est probablement celle qui résulte de ce que nous ne pouvons, sans les paralyser, traiter les hommes, individuellement ou collectivement, comme s'ils étaient des animaux indépendants et domesticables. N'en déplaise aux gouvernements et aux assemblées législatives, il est impossible de jouer le rôle d'une Providence particulière envers un groupe quelconque d'individus, sans leur causer par là même le plus grand tort. Ces remarques s'appliquent non seulement aux rapports du travailleur social avec ses clients et à ceux de l'homme d'État avec ses commettants, mais encore aux relations sociales de tout genre[1]. J'ai insisté sur le pouvoir éducatif de ces relations, mais ce pouvoir peut s'exercer dans deux directions opposées : il peut développer la personnalité ou il peut l'amputer.

Considérez les rapports qui existent entre parent et enfant, entre professeur et élève, entre médecin et malade, ou entre deux amis. La première et la plus difficile des leçons que doivent apprendre les parents consiste à acquérir le respect dû à la personnalité, en voie de développement, de l'enfant. Cette personnalité est trop souvent ravagée par l'affection d'un père ou d'une mère qui ne peut s'empêcher de la dominer et de la protéger là, précisément, où il conviendrait d'encourager la mentalité qui s'éveille à trouver sa voie en surmontant ses propres difficultés. Le contraire est vrai également. Qui n'a rencontré des parents prématurément vieillis par l'affection anxieuse et tatillonne dont les étouffent leurs fils et leurs filles ? Dans l'enseignement, évidemment, l'aptitude à libérer l'individualité propre à chaque élève va de pair avec ce que l'instruction moderne

1. Mon argumentation ne vaut pas pour les assurances sociales, dans la mesure où celles-ci s'appliquent à tous, et non à un groupe particulier, un groupe de personnes, par exemple, appelées à en bénéficier du fait de leur pauvreté.

L'établissement graduel, pour toute la population, de conditions d'existence correspondant à un minimum raisonnable, constitue un moyen d'égaliser les chances sans ignorer les différences individuelles.

offre de mieux. Le vrai professeur s'efforce de former, non pas des disciples, mais des observateurs. De même pour le médecin : les meilleurs d'entre eux sont des éducateurs qui enseignent aux malades à se guérir eux-mêmes. Il en est encore ainsi entre amis. Ce sont là des vérités évidentes, mais, lorsqu'il s'agit d'une personne particulièrement malheureuse, nous sommes toujours obligés de nous les rappeler à nous-mêmes. Le caractère intolérable des épreuves dont souffrent trop souvent nos semblables, et la révélation de cet état de choses par le contact de certains cas individuels, risquent d'amener l'assistante sociale à augmenter la somme des souffrances humaines en y ajoutant les maux que cause une pitié débilitante.

Les personnes qui se sont le plus dévouées à l'amélioration du sort des aveugles et à la préservation de la cécité, nous disent que l'attitude de compassion qu'adoptent instinctivement les parents, les amis et le public en général, constitue l'obstacle le plus grand que les aveugles aient à surmonter. Parmi ceux qui ont témoigné dans ce sens figurent deux aveugles, le docteur F.J. Campbell et sir Arthur Pearson :

> J'avais entre quatre et cinq ans lorsque je perdis la vue. Mon père dit aux autres membres de la famille : « Il faut tout faire pour lui. » Ma mère me prit par la main, me conduisit dans une autre chambre, et me dit : « Joseph, vous pouvez apprendre à travailler aussi bien que les autres enfants, et je vais vous l'enseigner ». J'aime et je révère la mémoire de ma mère, qui encouragea son enfant aveugle à assumer toute sa part de travail et à prendre toute sa part de plaisir. C'est surtout à la vaillance et à l'indépendance acquises pendant les douze années que j'ai passées à la ferme paternelle, dans les montagnes du Tennessee, que je dois ce que j'ai pu accomplir au cours de mon existence[2].
>
> Il me semblait que, dans le passé, les aveugles avaient été traités en général d'une manière tout à fait erronée. Des personnes douces et compatissantes leur parlaient de leur affliction, s'appesantissaient sur les terribles difficultés de leur existence. Si l'on répète assez souvent à une personne qu'elle est affligée, elle le deviendra et adoptera l'attitude mentale et physique qui correspond à cette notion destructrice de toute énergie spirituelle.
>
> … Quand je sus que ma vue était perdue, j'en vins à prendre diverses résolutions, certaines très sérieuses, d'autres moins importantes, et l'une de ces dernières fut de me priver du valet de chambre qui me servait depuis de longues années. Je me disais qu'il deviendrait probablement une pierre d'achoppement sur la voie de mon progrès comme aveugle. Le grand secret du succès, lorsqu'on apprend à être aveugle, est de se forcer à faire tout ce que l'on peut par soi-même[3].

Les psychologues, par leurs analyses du comportement des hommes et des animaux, jettent une lumière nouvelle sur ce principe fondamental du traitement social : « Dans la vie des animaux », écrit Stout, « le facteur particulier qui met obstacle à leur développement progressif est l'existence des instincts qui font pour eux ce que la créature humaine doit faire pour elle-même[4]. »

---

2. Campbell, Dr J.F., *Outlook for the Blind*, vol. I, p. 99.
3. Pearson, Sir Arthur, *Victory over Blindness*, pp. 15 et 71, New York, Doran, 1919.

Il n'y a aucune raison grave qui nous empêche de jouer le rôle d'une Providence particulière vis-à-vis d'un animal, à condition de nous rendre compte de ses faiblesses, et de ne pas l'abandonner au bord de la route lorsque nous sommes fatigués d'être bons. Mais tout nous défend d'agir ainsi envers un être humain. En fait, les travailleurs sociaux, comme ceux qui cherchent à servir leurs semblables de toute autre manière plus ou moins qualifiée, devraient se montrer très humbles en ce qui concerne leur profession, car, c'est là une vérité indéniable, ce que nous faisons pour nous-mêmes contribue beaucoup plus à notre bien permanent que ce que l'on fait pour nous.

On en trouve la raison si l'on examine la manière dont fonctionne l'intelligence de l'homme. Le nourrisson semble équipé d'une façon moins adéquate à ses besoins que ne l'est le petit chat, le petit chien, ou tout autre jeune animal, et son développement mental est beaucoup plus lent. La façon relativement automatique par laquelle l'animal répond aux stimulants externes suit des voies bien tracées : c'est ce que l'on appelle les réactions instinctives. Cela signifie que, chez l'animal, le progrès mental est confiné dans un cercle qui limite le jeune être et le rend incapable d'acquérir des besoins progressifs et élevés. L'homme n'est pas enfermé dans ce cercle, qui pour lui est remplacé par une spirale. Ses réactions sont beaucoup plus lentes, parce que, dès le début de sa carrière, il est forcé, par une nécessité pressante, de comparer un concept avec un autre et d'en déduire un troisième ; en d'autres termes, il doit raisonner. Les opérations du raisonnement et de la formation des habitudes le font sortir du cercle étroit des réactions instinctives pour lui faire suivre une spirale, sans cesse élargie de combinaisons nouvelles, qui agrandissent son horizon et lui donnent la faculté de communier à la fois avec le visible et avec l'invisible. La différence entre le cercle et la spirale est la différence entre la routine et l'action délibérée, entre l'animal domestique et le pionner en quête de découvertes[5].

---

4. Citation empruntée à Mme Bernard Bosanquet dans *The Standard of Life*, p. 118 (Macmillan and Company), ouvrage auquel je suis également redevable de certaines des déductions qui suivent.

5. Pour ce qui concerne les instincts par opposition aux habitudes, on notera, par exemple, ce passage de l'ouvrage de Watson, *Psychology from the Standpoint of a Behaviorist*, page 254. Lippincott Company, 1919 :

« Aucun observateur impartial et scientifique des instincts de l'homme ne devrait revendiquer pour le genre Homo ce pittoresque répertoire d'instincts que possède l'animal… L'instinct et la capacité de former des habitudes sont des fonctions liées l'une à l'autre, mais elles existent dans tout animal en proportion inverse. L'homme excelle dans la capacité de former des habitudes. Les habitudes se forment avec une belle rapidité sur la base de n'importe quelle activité instinctive existante, que l'on fait d'ordinaire crédit à l'homme d'une liste d'instincts aussi longue que celle des animaux. »

On peut citer encore le passage suivant, tiré de l'œuvre d'Arthur George Heath : *The Moral and Social Significance of the Conception of Personality*, p. 11. Oxford. Clarendon Press, 1921 :

« N'avoir pas seulement un moi, mais avoir la conscience développée du moi : se figurer d'une manière définie l'existence de notre monde extérieur, sur lequel le moi agit et réagit : former des plans réfléchis dans lesquels la mémoire guide la volonté, que contrôle la critique rationnelle : de semblables facultés pourraient paraître inhérentes à la personnalité et cependant il paraît très douteux qu'une telle autonomie d'intérêts et d'intentions à l'égard du monde environnant soit réalisée dans la vie d'aucun animal autre que l'homme lui-même. »

Rien de ce qui précède, toutefois, ne doit être interprété comme signifiant que la distance qui sépare l'intelligence de l'homme de celle de l'animal ait été franchie d'un seul bond. Les différences à cet égard ne furent pas créées par des bonds, mais par une très longue série de petits pas.

Il est vrai que des conditions défavorables – une mauvaise santé, l'injustice, le manque d'opportunité – peuvent accabler l'être humain au point qu'il lui devienne impossible *d'éprouver des besoins* progressifs. Apprécier les dons naturels et les possibilités futures d'un homme sans tenir compte de ces circonstances, serait aussi injuste que de se prononcer sur la croissance d'une plante maintenue constamment dans l'obscurité. Lorsqu'un homme est ainsi abattu, il est très important d'écarter les obstacles de sa route, de se libérer de ce qui l'étouffe, mais il est tout aussi important de stimuler ses besoins, des besoins que ses propres efforts peuvent satisfaire.

La sympathie du travailleur social spécialisé dans le service des cas individuels doit arriver à éveiller chez ses clients quelque chose de mieux que l'apitoiement sur eux-mêmes. On rapporte qu'une bénévole qui s'était engagée dans le service social des familles de combattants aurait dit: « J'aime les X…, ils font tout ce que je leur demande. » Ce n'est pas là l'idéal qu'un travailleur social doit avoir de ses relations avec son client. Il est vrai qu'il lui faut souvent répéter ses conseils avec patience et persistance, dans des situations comme celle où se trouvait Winifred Jones, au moment où l'on n'avait pas encore pu découvrir dans quelle mesure elle serait capable de participer à son propre traitement, et où par conséquent on n'avait pu encore lui assigner son rôle. Mais c'est là tout autre chose que de devenir la Providence particulière de son client. La vraie attitude dans le service social des cas individuels consiste à prendre en pleine considération la qualité la plus précieuse de l'homme, cette qualité qui le distingue des autres animaux, et qui lui permet d'acquérir des besoins progressifs et élevés, alors que les animaux en sont incapables. L'assistante sociale spécialisée dans le service des cas individuels s'en rend compte, l'être humain ne peut se créer ces besoins d'une façon automatique, mais seulement par une action réfléchie. S'interposer entre un homme et le stimulant qui le pousse à entreprendre une action réfléchie, c'est lui faire un tort beaucoup plus grave que celui que nous craignions, lorsque nous parlions du danger de le « paupériser ». Cette expression a toujours été prise dans un sens surtout matériel. Mais ce que nous risquions véritablement, c'était non seulement d'abaisser davantage l'indigent par des aumônes faites d'une façon inconsidérée, mais encore de couper ses possibilités de progrès social en un ou plusieurs points. Ce danger n'a jamais été limité à la distribution des secours matériels : on a souvent exposé ceux qui étaient à l'abri du besoin, aussi bien que les indigents, aux dangers plus subtils d'autres modes d'assistance, de tous les modes d'assistance, en fait, qui ne respectent pas les facultés propres de l'intéressé et ses possibilités latentes. Néanmoins, ces deux erreurs sont intimement apparentées : dans le cas suivant, par exemple, on distingue difficilement l'assistance matérielle malavisée du service malavisé.

Une ancienne institutrice, que je ne connaissais pas et qui était devenue visiteuse d'une grande œuvre d'assistance, me demanda conseil, il y a quelques années, au sujet de ses nouvelles occupations. Elle les avait abordées, semble-t-il, avec le désir sincère de se dévouer, mais elle avait été choquée et déçue par l'effet qu'avaient paru produire les secours sur les familles qu'elle visitait. Serait-il donc exact que l'aide matérielle est toujours un fléau ? Cette aide provoque-t-elle toujours l'attitude servile et plate qu'elle avait observée ? La visiteuse dont nous parlons était incapable de se figurer que le travail avec lequel elle s'était identifiée eût un avenir utile, ou que son action présente produisit des résultats favorables, à l'exception d'un bénéfice matériel purement temporaire.

Je priai mon interlocutrice de me donner un exemple concret du tort auquel elle faisait allusion : elle me cita le cas d'un père, d'une mère et de leur enfant, un garçon de douze ans. Le père était invalide au point que la mère devait rester à la maison pour le soigner. Tout d'abord elle avait semblé joviale et pleine de ressources, mais peu à peu, sous l'influence sans doute des secours qu'on lui allouait régulièrement et dont elle avait tant besoin, elle était devenue de plus en plus prompte à se plaindre, et s'était montrée de plus en plus avide et de mauvaise foi.

Je posai d'autres questions à cette visiteuse déconcertée ; les réponses révélèrent que cette femme, cependant douée d'un pouvoir de réflexion supérieur, n'avait jamais essayé d'élaborer, avec la mère qu'elle aidait, un véritable programme d'action pour cette famille. De quelle nature, demandai-je, étaient les rapports entre la mère et l'enfant ? Affectueux et normaux. Quelles étaient les notes de l'enfant à l'école ? Elle ne s'en était pas informée. Quels étaient les projets de la mère pour l'avenir de l'enfant ? La visiteuse les ignorait.

Voyez quel est le pouvoir de l'inhibition professionnelle. Cette institutrice devait, bien mieux que moi-même, connaître les étapes successives par lesquelles on peut aider une mère à aider son fils à son tour, afin qu'il devienne tout à la fois un bon chef de famille et un bon citoyen. Mais on avait fâcheusement libellé la tâche de l'enquêteuse : « Secours matériels seulement », et, de ce fait, elle avait concentré son attention trop exclusivement sur les moyens d'adapter les secours aux nécessités immédiates de la famille. Si l'opinion qu'elle s'était faite du caractère de sa cliente était correcte, celle-ci, quoique momentanément désaxée par ses malheurs, n'était nullement une épave sociale. Au contraire, son fils grandissait et avait de l'avenir ; elle était en état de prodiguer son affection à cet enfant et d'obtenir la sienne. Ce qu'il lui fallait, après la secousse et le découragement produits par ses épreuves récentes, c'était un plan de collaboration – un programme de *participation* serait peut-être une meilleure expression – qui lui permit de partager avec la visiteuse la responsabilité des décisions successives à prendre, en vue de rétablir son foyer sur des bases satisfaisantes. En d'autres termes, ce dont la cliente avait besoin, c'était une fenêtre ouverte, un horizon. Il me sembla que c'était là aussi ce qui manquait le plus à la visiteuse. Après avoir découvert la mesure dans laquelle les capacités de sa cliente permettaient à celle-ci de participer au relèvement de sa famille, elle aurait dû élaborer son programme en conséquence.

On s'explique que la mère ait perdu son énergie morale : les êtres humains sont mal adaptés à un rôle passif ; quel que soit leur genre d'existence, ils dégénèrent par un pareil régime. Le succès de tout traitement social a comme pierre de touche la part active prise par chacun des intéressés, dans la mesure de ses capacités, à l'accomplissement du résultat désiré. Il est dangereusement facile pour les travailleurs sociaux d'assumer un rôle en somme égoïste et autocratique, et de se mettre à l'avant-plan par des actions qui, désintéressées en apparence, forcent leurs clients à se cantonner dans le rôle passif d'obligés. Inculquer à cette mère, de quelque façon que ce soit, une conception nouvelle de la part importante qu'elle doit prendre au relèvement de son foyer, lui fournir un stimulant approprié (c'est-à-dire approprié pour elle) qui la pousse à jouer son rôle, c'est mettre les secours à leur vraie place, non seulement dans notre conception des choses, mais dans la sienne. Pour tous, les secours deviennent ainsi un simple outil, et non pas même l'outil le plus important, de développement de la personnalité[6].

Il n'est peut-être pas inutile d'ajouter ici quelques mots concernant les secours matériels, car c'est un sujet vis-à-vis duquel l'opinion flotte actuellement entre l'attraction et la répulsion. Les secours, en tant que largesse, sont à tel point antidémocratiques, que la réprobation qui s'y attache atteint, en même temps, celui qui donne et celui qui reçoit. Ils constituent une malédiction pour tous les deux. Mais au moment même où le public éprouve très vivement ce sentiment, il envisage une distribution plus large de secours – la même part à chacun – comme une sorte de succédané imparfait de la justice. Dans la mesure où cette nouvelle orientation ajoute foi à l'action bienfaisante des secours en eux-mêmes, elle donnera des résultats aussi peu satisfaisants que ceux de la bienfaisance d'autrefois. Les secours, en eux-mêmes et par eux-mêmes, n'ont aucune qualité morale, et moins encore que tout autre celle de pouvoir devenir démocratiques. Leur vrai rôle est subsidiaire. Si, dans un cas donné de mauvaise adaptation sociale, les éléments principaux du plan d'action sont bons et correspondent à la situation réelle, si ce plan est basé sur une compréhension sincère, et si, par surcroît, on s'assure l'intérêt et la coopération de l'intéressé ou des personnes les plus intéressées, il devient alors possible de dédaigner les superstitions courantes qui tantôt condamnent, tantôt favorisent les secours matériels. La méthode par laquelle on arrive à la compréhension d'un client et à l'élaboration, en conférence avec lui, d'un programme auquel il participe, est, par essence, une méthode démocratique. La condescendance n'y entre pour rien, pas plus que l'idéal qui vise à donner « la même chose à chacun ».

J'ai depuis longtemps soupçonné qu'il n'y a pas dans le service social une spécialité dont l'objet serait le don de secours. L'assistance matérielle peut être pratiquée généreusement et hardiment aussi longtemps que ceux qui l'exercent comprennent clairement les principes qui sont à la base du traitement social des

6. Le Dr Felix Adler, dans *An Ethical Philosophy of Life*, décrit les traits caractéristiques de la philantrophie égocentrique, ceux de l'altruisme et, enfin, ceux de sa propre philosophie éthique, qui, consiste à « agir de façon à faire jaillir ce qu'il y a d'unique dans la personnalité des autres » et par là, en soi-même. À vouloir changer les autres, incontestablement, nous sommes obligés de nous changer nous-mêmes. La transformation que subissent les parents quand ils essaient d'élever un enfant en est un témoignage évident.

Le Dr Adler donne comme exemple d'une erreur très caractéristique de l'altruisme, la femme ou la mère qui « s'épuise à travailler sans relâche pour son mari ou ses enfants, qui s'efface toujours, qui jamais n'exige, ni les services qui lui sont dus en retour, ni le respect que son dévouement impose, se dégradant et nuisant ainsi au caractère moral de ceux qu'elle gâte. » Le sacrifice égocentrique de soi est brillamment décrit dans un passage (p. 212 et suivantes) trop long à citer ici, mais qui devrait être lu et relu par les travailleurs sociaux.

cas individuels et qu'ils les appliquent dans leur travail quotidien. Si de la sorte ils libèrent des énergies et les dirigent dans des voies qui conduiront au développement de la personnalité de leurs clients, si ces clients, par une action réfléchie dont ils assument graduellement la direction, en arrivent à se créer des besoins plus élevés, s'ils ne sont pas contraints de se couler dans le même moule, mais s'ils atteignent à cette diversité qui est la conséquence naturelle d'une activité personnelle, et si, par-dessus tout, ils resserrent leurs relations avec les groupements sociaux divers auxquels ils appartiennent naturellement, alors nous n'avons à nous inquiéter, ni de la part que les secours jouent dans notre programme, ni d'aucune autre considération simplement secondaire.

8. LE SERVICE SOCIAL DES CAS INDIVIDUELS DANS LA FAMILLE

Le moment est venu d'abandonner les considérations relativement abstraites développées dans les trois chapitres précédents – l'interdépendance des hommes, leurs efforts pour arriver à l'expression de soi et à la diversité – et d'étudier, sous un angle tout différent, la réadaptation des êtres humains à leur entourage social. Il m'a semblé utile d'essayer de discerner, aussi avant que possible, ce que sera le service social des cas individuels dans ses rapports avec les développements sociaux de l'avenir, mais la réadaptation et le raffermissement des relations sociales d'aujourd'hui méritent plus d'attention encore. Le monde dans lequel nous vivons, tel qu'il est, tel que nous pouvons l'améliorer, est la seule porte par laquelle nous puissions aller vers un avenir meilleur. Aussi, dans le petit nombre de pages dont je dispose encore, je voudrais passer rapidement en revue quelques-unes des formes concrètes du service social actuel des cas individuels, et examiner chacune d'elles par rapport à certaines des principales institutions sociales permanentes : la famille, l'école, l'atelier, l'hôpital et le tribunal – on pourrait allonger quelque peu cette liste. Enfin, comme je l'ai déjà indiqué, aucune description du service social des cas individuels, si brève soit-elle, ne peut négliger de rendre compte de l'action réciproque que les différentes formes du service social exercent les unes sur les autres. Cet aperçu doit également précéder mes conclusions.

Pour formuler une définition, j'ai dû, dans le chapitre IV, limiter l'application du terme « service social des cas individuels » au traitement assidu et prolongé des situations difficiles. Élargissons maintenant l'usage de ce terme pour y faire entrer à nouveau toutes les adaptations socialement utiles qui sont faites en faveur des individus et avec leur collaboration, qu'elles conduisent directement ou non au développement de la personnalité. Le service social intensif des cas individuels dont j'ai parlé, ce type de service social qui s'occupe avant tout de la personnalité dans ses relations sociales, sera peut-être désigné dans l'avenir sous une dénomination spéciale (espérons qu'elle ne comportera pas plus d'un mot), mais, actuellement, ce terme englobe toutes les formes du service social dignes de ce nom qui s'appliquent aux individus pris un par un.

Considérons en premier lieu la famille. Quels rapports le service social de cas individuels présente-t-il avec la vie de famille de nos jours ?

J'ai eu l'occasion de parler précédemment des difficultés qui assaillent le travailleur social spécialisé dans les cas individuels, du fait que le genre de relations dont il s'occupe constitue la trame même de la vie journalière. Il en est ainsi tout particulièrement dans les cas individuels de protection familiale et de protection de l'enfance. Tous les aspects du service social concernent personnellement chacun de nous. Lorsqu'on lit dans la littérature courante, dans les revues et dans les journaux, les discussions relatives non seulement au mariage et au divorce, mais aussi à la responsabilité des parents et aux autres aspects de la vie de famille, on est frappé par la note personnelle dont ces discussions sont empreintes. Ceux qui ont connu dès leur naissance la vraie vie de famille et qui ont eu le privilège de pouvoir fonder, à leur tour, un vrai foyer, ceux-là, bien à l'abri dans leur retraite, estiment généralement que la vie de famille est un sujet trop sacré pour être discuté en public. D'autre part, beaucoup des œuvres littéraires qui attaquent la constitution actuelle de la famille révèlent l'expérience personnelle malheureuse de leurs auteurs. Ces questions sont trop importantes, leurs racines sont trop profondes, pour qu'on puisse les résoudre en s'inspirant de préventions personnelles.

Sans doute, les travailleurs sociaux qui s'occupent des cas individuels ont aussi leur disposition d'esprit propre, basée principalement sur la nature du foyer dans lequel ils ont grandi, mais ceux qui prennent le plus à cœur leur sujet et leur tâche apprennent à s'affranchir de ces penchants, ou du moins à compter avec eux dans les jugements qu'ils forment. J'ai rarement rencontré une personne adonnée au service social des cas individuels dont les vues sur la famille, tantôt conservatrices, tantôt radicales, ne s'étaient pas profondément modifiées au contact des réalités que lui révélait son travail. Je me souviens, par exemple, de la remarque faite par une femme, qui, après avoir suivi un cours complémentaire de sociologie dans un collège[1] de femmes, s'était consacrée au service social des cas individuels dans l'Ouest de la ville de New York. « Quand j'étais au collège, me dit-elle, j'appartenais au groupe des féministes extrêmes de l'école de Cicely Hamilton, qui ne voulait pas entendre parler de la vie de famille : mais depuis que je travaille dans ce quartier, je me rends compte que mes théories ne s'adaptent pas aux situations familiales que je rencontre. J'en arrive à le voir, quand on rénovera le monde, il faudra prendre en considération bien autre chose que les impressions d'une petite coterie d'intellectuels. »

Il existe parfois, envers la vie de famille et le foyer, une attitude à ce point exclusive qu'elle aboutit au refus de considérer toute autre forme plus large de conscience sociale. Nous n'avons qu'à nous rappeler jusqu'à quel point, pendant certaines périodes de l'histoire, le pouvoir de la famille a dominé celui de l'État, pour comprendre que si les travailleurs sociaux s'intéressent à la famille, ce n'est pas pour cette institution en elle-même, mais pour le bien de l'individu et de la

1. C'est-à-dire une université.

société. Ils doivent apprendre à découvrir, dans tout foyer où leurs services sont nécessaires, les sources latentes de force et les sources probables de faiblesse. Jusqu'à quel point ce foyer est-il le produit de mauvaises conditions sociales, auxquelles on devra remédier par une action collective ? Ou encore, jusqu'à quel point est-il notoirement antisocial et constitue-t-il une source de contagion ? Ses membres sont-ils sous la domination du plus fort, ou bien chacun d'entre eux est-il poussé à développer ses facultés d'initiative ? Il est plus facile de poser ces questions que de les résoudre : la réponse était malaisée à trouver dans le cas des parents de George Foster, dans le ménage démoralisé de Clara Vansca, ou dans le foyer de Winifred Jones[2]. Lorsque les clients des travailleurs sociaux vivent en famille, ils sont trop accessibles aux visiteurs : c'est là une source de difficultés. De nombreuses personnes vont et viennent autour d'eux, accomplissant telle ou telle mission sociale, et chacune d'elles influence à un certain degré de la vie de la famille dans son ensemble, bien que cette influence s'exerce souvent d'une manière tout à fait inconsciente. Il est fait allusion à cette difficulté dans un dialogue imaginaire, écrit par une assistante sociale spécialisée dans le service des cas individuels. « Jane », une novice du service social, répond à son ami « Le philanthrope ».

> Je comprends. Vous voulez dire que, dans quelques années, les œuvres spécialisées auront entièrement décentralisé la famille : l'inspecteur de la fréquentation scolaire s'occupera des garçons, les patronages scolaires veilleront sur les filles, le spécialiste en hygiène infantile sur les jeunes enfants, le puériculteur sur les nourrissons. Les infirmières des diverses œuvres auront chacune leur jour de visite, et la clinique industrielle prendra soin des hommes. Il y aura des psychiatres spécialisés pour les gens d'âge moyen et les vieillards. Un spécialiste des budgets familiaux répartira les secours matériels. Chacun de ces techniciens aura pour la famille un plan différent.
>
> Mon Dieu, que de personnes spécialisées, dit le philanthrope. Il y eut un silence. À quoi pensez-vous maintenant, questionna-t-il ? Oh ! dit Jane, je pensais simplement à la famille.

Selon toute probabilité, Jane eût été la dernière à souhaiter l'abolition de ces différentes spécialités, mais les spécialistes, en tant qu'ils ont à s'occuper, soit des familles, soit des membres d'une famille, devraient être très au courant des faits caractéristiques de la vie familiale et ne pas perdre de vue ces faits un seul instant au cours de leur travail. Sans prétendre dogmatiser, je voudrais rechercher quels sont certains de ces faits.

Je m'en rends compte naturellement, beaucoup considèrent la famille comme une institution sociale vieillie et usée qu'il est impossible d'adapter aux nécessités présentes de la société. Les personnes dont l'existence se passe dans la protection de leur cercle familial ne se rendent guère compte du nombre de « sans foyer » que contient le monde actuel ; je les appelle des « sans foyer » dans ce sens que « l'âtre familial » n'est plu ou n'a jamais été le fond de leur existence.

2. Voir chapitres II et III.

Mais aucun des succédanés proposés pour remplacer le foyer n'a donné de résultats satisfaisants. Toute question de sanction légale mise à part, il semble que les enfants ont droit à un père et à une mère, et qu'ils doivent pouvoir compter sur eux d'une façon permanente. Si les parents ne parviennent pas à maintenir entre eux une véritable collaboration, les enfants en souffrent cruellement. En général, ils n'arrivent point à prospérer lorsqu'ils ne possèdent pas un père et une mère qui les aiment et qui s'aiment l'un l'autre. Si cette assertion est exacte, nous possédons un but défini vers lequel nous devons diriger nos efforts, quelle que soit la mesure dans laquelle l'institution du mariage retarde sur la vie moderne.

Une collègue prétend que beaucoup des troubles de la vie de famille contemporaine sont dus à la lutte qui se poursuit au sein de la famille pour démocratiser celle-ci. Elle cite le professeur Tufts : « La démocratie dans la vie nationale se stabilise à mesure qu'elle devient plus ancienne. Il en sera de même de la démocratie dans la vie de famille. » Je suis entièrement de cet avis, mais nous devons toujours nous souvenir que la démocratie dans la famille est impossible si le mari ou la femme est manifestement anormal. Le mariage des inaptes continuera à perpétuer dans la famille, soit l'anarchie, soit l'autocratie jusqu'à ce qu'on ait découvert le moyen d'empêcher de pareilles unions.

Nulle part, dans le domaine de l'administration publique, l'État ne traite les choses inégales avec une égalité aussi aveugle que lorsqu'il impose les lois actuelles du mariage – lois diverses, il est vrai, mais dont la diversité n'est pas rationnelle. Les personnes qui réfléchissent en conviennent, si l'on doit faciliter le mariage à tous ceux qui sont capables de fonder de véritables foyers, il faudrait prendre des mesures pour empêcher les unions précoces, les unions forcées et le mariage de ceux qui, inévitablement ou même probablement, communiqueront ou transmettront à leurs descendants des maladies physiques ou des tares mentales[3]. Les travailleurs sociaux de notre pays qui se sont spécialisés dans le service des cas individuels devraient non seulement connaître nos lois actuelles sur le mariage et leurs défauts, mais aussi comprendre le rôle prépondérant qui revient à la façon dont ces lois sont appliquées. L'adaptation pratique de l'esprit de la loi aux circonstances individuelles aura probablement pour résultat de développer avec le temps certains aspects du service social des cas individuels[4].

Les conflits des goûts et des ambitions, les réactions différentes aux changements extérieurs brusques, le refus d'abandonner une adaptation surannée, tous ces facteurs jouent leur rôle dans les unions malheureuses. Le manque de souplesse est déjà une source abondante de peines.

Refuser de se modifier et de s'adapter, c'est perdre tout ce qui, dans les relations humaines, vaut le plus d'être conservé. On ne peut obtenir de stabilité si

3. Pour les modalités de ce principe, trop brièvement énoncé, voir *The Right to Marry*, par le Dr Adolf Meyer, dans *The Survey* du 3 juin 1916.

4. Comme exemple des rapports intimes qui existent entre le service social des cas individuels et les réformes sociales, je mentionnerai en passant que les études entreprises par la Fondation Russell Sage, d'abord au sujet des lois américaines sur le mariage, et ensuite au sujet de l'application de ces lois (ces dernières études sont encore en cours) sont issues directement de mes rapports avec le service familial des cas individuels.

l'on s'obstine dans une rigidité poussée à l'excès. Bien entendu, il est possible de mal appliquer, dans les discussions relatives à la famille, cette loi de croissance par modification. Le Dr Felix Adler fait de celle-ci une application très noble à l'entrée même dans la vie familiale, à la décision de se marier : au lieu, dit-il, de prendre cette décision dans le but arrêté d'agir plus que jamais à notre guise, nous devrions, au contraire, accepter le mariage comme la plus belle occasion qui nous sera jamais donnée de nous soumettre à des influences modificatrices[5]. L'éducation en vue du mariage est probablement la partie la plus négligée de tout notre programme social moderne. Comme le dit le professeur Ross, nous devons apprendre « à rendre l'atmosphère sociale glacialement hostile à tout idéal frivole ou inconsidéré du mariage ». Nous devons incorporer un idéal sain du mariage et de la famille « dans toute la tradition sociale, afin que les jeunes gens le rencontrent à chaque tournant[6] ». La matière de cet enseignement devra être fournie en partie par l'expérience acquise au cours du service familial des cas individuels.

Dans beaucoup de familles étrangères fixées en Amérique, et surtout dans celles qui sont le mieux connues des assistantes sociales, l'autocratie est de tradition. Nous avons ici l'occasion de jeter un pont, qui conduira parents et enfants vers des méthodes démocratiques, sans nuire à leur solidarité familiale, comme il en advint par exemple dans la situation de la famille des Allegri, décrite précédemment. Nous ne nous rendons guère compte de la démoralisation qui peut envahir une famille, du seul fait que les parents, étrangers, subissent tout le choc d'un changement brusque de milieu, et sont incapables d'adapter l'éducation de leurs enfants aux institutions du Nouveau Monde.

> Une assistante sociale vit son ingéniosité fortement mise à l'épreuve lorsqu'il lui fallut concilier les préjugés sociaux d'un père italien avec les méthodes employées en Amérique pour rendre à la santé une enfant gravement malade. Une opération était nécessaire, et l'on avait trouvé l'hôpital où elle pouvait se faire. Mais le père, sourd à toutes les supplications, prétendait que l'enfant ne quittât pas sa maison. À la fin, l'assistante sociale découvrit qu'il considérait qu'une jeune fille était irrémédiablement compromise si elle passait une nuit hors du domicile de ses parents. L'adaptation que l'on trouva fut de permettre au père d'accompagner sa fille à l'hôpital et d'y rester jusqu'au moment de la guérison : ainsi, la réputation de la jeune fille restait sauve.

Dans cette énumération incomplète des inégalités dont l'origine est au foyer, nous devons tenir compte du conflit qui se produit entre les générations lorsque les jeunes gens se créent, indépendamment de leur famille, des relations personnelles déterminées avec le monde extérieur. Quelquefois, le nid familial a été si jalousement protégé que les petits oiseaux n'ont jamais appris à voler de leurs propres ailes. C'est là une situation sur laquelle les spécialistes de l'hygiène mentale insistent souvent de nos jours : les enfants, dans ces circonstances, ne se déve-

5. Adler Felix, *Marriage and Divorce*, p. 35 et suivantes, New York, Mc Clure, 1905.
6. Ross E.-A., *Principes et Sociology*, p. 590, New York, Century Co, 1920.

loppent pas au point de vue émotif, ils ne s'habituent pas à agir avec réflexion, et ne valent pas mieux, dans un certain sens, que les animaux apprivoisés dont nous avons parlé dans le chapitre précédent. En d'autres termes, les parents n'ont pas réussi, dans ces cas, à concilier chez les enfants les deux principes de l'interdépendance et de l'action réfléchie. Lorsque ces principes ne se sont pas complétés l'un par l'autre dans la jeunesse, il est rare qu'ils arrivent à s'harmoniser entièrement dans la vie ultérieure. Mais il ne faut pas ignorer l'autre face de la situation. L'insuccès peut se produire de diverses autres manières : il peut provenir, par exemple, de l'insensibilité aux obligations sociales, parmi lesquelles figurent les devoirs envers les parents. La littérature d'imagination offre peu de personnages plus touchants que le père veuf d'Arkady et les vieux parents de Bazarof dans le chef-d'œuvre de Tourgueniev, *Pères et enfants*. Arkady, on s'en souvient, revient de l'université avec un mépris avéré pour Pouchkine, le poète préféré de son père, mépris qu'il n'hésite pas à proclamer à tout venant, et la mère de Bazarof doit donner à celui-ci sa bénédiction en cachette, tant il est émancipé.

Nous devons naturellement tenir compte du fait que la dénomination de famille ne suffit pas à constituer le foyer. Il y a des simulacres de familles, et, s'il veut affronter sa tâche avec courage, le travailleur social spécialisé dans le service des cas individuels doit apprendre à distinguer, quelque pénible que cela paraisse, les familles réelles des familles factices. Il faut autre chose que la cérémonie qui légalise les rapports entre deux êtres humains pour créer les liens de famille, et la famille factice est celle où ce quelque chose non seulement est absent, mais encore ne peut être restauré ou créé, quelque effort que l'on fasse. Quand il y a des enfants, le moyen de juger la situation est de se poser la question suivante : les enfants de ce couple, laissés là où ils sont, pourront-ils devenir avec le temps de bons chefs de famille ? Si la chose n'est ni probable, ni concevable, alors on doit faire disparaître ce foyer de contagion et de désagrégation sociale, quand cela est possible légalement. Ce démembrement se fera dans l'intérêt même de la famille, et ne méconnaîtra nullement les droits de celle-ci. Les seules personnes qui croient encore que les droits des personnes sont absolus, sont probablement celles qui n'ont jamais vu la souffrance et l'injustice que peut produire l'application de cette théorie. Ils n'ont jamais appris d'expérience personnelle que devant nos tribunaux (bien que ceux-ci aient fait un progrès réel dans ce domaine), droit pour droit, justice pour justice, la cause des parents est toujours plus forte que celle des enfants.

L'énumération à laquelle nous venons de nous livrer au sujet des difficultés à surmonter dans la vie au foyer, semblerait presque constituer une condamnation de la famille et paraîtrait indiquer que l'homme ferait mieux de prendre ailleurs ses premières leçons d'individualité et de socialité. Mais on n'a pas encore trouvé cet « ailleurs ». Quiconque a observé l'effet destructeur que produit sur la personnalité des enfants leur réunion en grand nombre dans des classes surpeuplées ou dans de vastes institutions-casernes, commencera à mieux comprendre quelle influence exercent sur le développement normal de l'être humain, les liens naturels, l'affection et l'attention sans partage, même si cette attention est relativement peu experte.

Si tous mes lecteurs pouvaient prendre connaissance des rapports originaux dont j'ai tiré les récits qui ont fait l'objet des chapitres II, III et IV, ils saisiraient mieux encore cette vérité. Ainsi George Foster regretta amèrement chacune des deux familles qui l'avaient accueilli avant son placement dans celle où il se trouve actuellement. Il avait ce désir passionné que possède l'enfant normal d'appartenir à quelqu'un en particulier, de vivre dans un décor bien à lui. N'importe qui eût hésité à voir dans les conditions apparentes du ménage Winifred Jones un bon milieu pour de petits enfants, mais ce fut probablement une perception très nette des alternatives possibles qui amena l'assistante sociale à conserver l'intégrité de ce foyer, et qui lui fournit une raison de plus de tout mettre en œuvre pour l'améliorer. Il y a des choses que l'on ne peut fabriquer en gros, notamment des hommes et des femmes capables de jouer un rôle utile dans la société. Il est vrai que l'école, le club, l'atelier, les organismes commerciaux ou professionnels, ainsi que les mouvements politiques organisés, viennent tout à tour nourrir ces côtés du caractère, ce besoin de contacts extérieurs, ce désir de compétition sur un pied d'égalité avec ses pairs que ne peut alimenter la famille ; mais les instincts de protection et de bienveillance ont leur genèse au foyer, et, à travers toute la vie, ce berceau de la loyauté et du dévouement servira de criterium fidèle aux autres activités humaines.

Il me semble que l'étude des publications relatant les biographies des hommes et des femmes de valeur compléterait et enrichirait l'expérience de la vie de famille que beaucoup de travailleurs sociaux voient, sans doute, dans des conditions anormales. Deux extraits montreront ce que je veux dire. Le premier est tiré des lettres de William James. Il jette une lumière significative sur ce contact intime entre les générations successives, qui est plus caractéristique du foyer que de toute autre institution sociale. Le passage que je vais citer est pris dans la dernière lettre que William James, alors en Angleterre, écrivit à son père, dangereusement malade en Amérique :

> Dans cet abîme mystérieux du passé où le présent va bientôt sombrer et s'éloigner de plus en plus, c'est toujours vous qui occupez la place principale. Je tiens de vous toute ma vie intellectuelle et, bien que nous ayons souvent semblé nous contredire dans la façon dont nous l'avons exprimée, je suis sûr que l'harmonie existe quelque part et que nos efforts se combineront. Il m'est absolument impossible de mesurer l'étendue de ma dette envers vous, tellement votre influence a été précoce, pénétrante et constante…
>
> En ce qui me concerne, je sais tout le mal que je vous ai donné maintes fois par mes singularités, et, *à mesure que mes propres fils grandiront, j'apprendrai à connaître de plus en plus le genre d'épreuve que vous avez eu à surmonter lorsqu'il vous a fallu surveiller le développement d'un être différent de vous-même, dont vous vous sentiez responsable.* Je dis ceci simplement pour vous montrer comment ma *sympathie* pour vous, loin de s'émousser, s'avivera plutôt, et non pour exprimer des regrets[7].

7. *The Letters of William James*, edited by his son, vol. 1, p. 219 et suivantes, Boston, The Atlantic Monthly Press, 1920.

Mon second exemple biographique est tiré de la *Vie de Pasteur*. Il ne se borne pas, me semble-t-il, comme l'extrait précédent, à montrer les attaches qui unissent les générations, et à mettre en relief la continuité de la vie de famille. Il révèle aussi comment il est possible, grâce aux liens de l'affection et à l'entr'aide, de maintenir, dans un foyer modeste, une culture intellectuelle de la plus vaste envergure. Ce foyer, une petite tannerie dans le Jura, non loin de la frontière suisse, abritait une famille composée des parents, de leur fils et de deux filles. Le père était de souche paysanne, mais avait été soldat sous Napoléon Bonaparte. Il fallut bien des luttes avant que le fils unique ne soit mis en pension, et la nostalgie de l'enfant fut telle que la première tentative échoua. Lorsqu'enfin les études du jeune Pasteur eurent pris un cours régulier, il parvint à y intéresser les siens ; à ce moment, comme plus tard, il sut faire participer chacun des membres de sa famille à ses propres aventures intellectuelles. Il dessinait avec soin, et en grand, son père ayant la vue basse, les formations cristallines, qui furent sa première découverte importante. « Parle-nous toujours de tes études », écrivait le vieux Pasteur, « ce que tu fais chez M. Barbet, si tu vas encore au cours de M. Pouillet, puis si tu ne négliges pas les mathématiques, si une science ne gêne pas l'autre. Je ne le pense pas. Loin de là, cela doit s'entr'aider ». Le principe de la coordination ne s'applique pas seulement à la science, comme le conjecturait probablement de ses montagnes ce tanneur perspicace, dont l'affection aiguisait jusqu'au plus haut degré l'intelligence. Il s'applique aussi à la famille : c'est une aide que l'unité dans la diversité.

Les parents de Pasteur reposaient depuis bien des années dans leur dernier sommeil, lorsque les habitants de la région célébrèrent une fête au cours de laquelle une plaque de bronze fut apposée sur la petite maison où Pasteur était né. Il était présent, et cet homme, dont les découvertes en chimie avaient révolutionné la pensée scientifique de l'Europe, se montra profondément ému. Je ne puis mieux mettre en évidence les relations qui unissent le « premier syllogisme pratique » – le père, la mère et l'enfant – avec la vie de la nation, et avec le monde plus vaste encore de la pensée et du sentiment, qu'en citant les propres paroles que Pasteur adressa à ses vieux voisins en cette occasion. Il dit entre autres choses :

> Oh mon père et ma mère ! oh ! mes chers disparus, qui avez si modestement vécu dans cette petite maison, c'est à vous que je dois tout. Tes enthousiasmes, ma vaillante mère, tu les as fait passer en moi. Si j'ai toujours associé la grandeur de la science à la grandeur de la patrie, c'est que j'étais imprégné des sentiments que tu m'avais inspirés. Et toi, mon cher père, dont la vie fut aussi rude que ton rude métier, tu m'as montré ce que peut faire la patience dans les longs efforts. C'est à toi que je dois la ténacité dans le travail quotidien. Non seulement tu avais les qualités persévérantes qui font les vies utiles, mais tu avais aussi l'admiration des grands hommes et des grandes choses. Regarder en haut, apprendre au-delà, chercher à s'élever toujours, voilà ce que tu m'as enseigné. Je te vois encore, après ta journée de labeur, lisant le soir quelque récit de bataille d'un de ces livres d'histoire contemporaine qui te rappelaient l'époque glorieuse dont tu avais été le témoin. En m'apprenant à lire, tu avais le souci de m'apprendre la grandeur de la France.
> Soyez bénis, l'un et l'autre, mes chers parents, pour ce que vous avez été et laissez-moi vous reporter l'hommage fait aujourd'hui à cette maison[8]…

8. Vallery-Radot René, *La Vie de Pasteur*, p. 489-490, Paris, 1900.

9. LE SERVICE SOCIAL DES CAS INDIVIDUELS À L'ÉCOLE, À L'ATELIER, À L'HÔPITAL, AU TRIBUNAL

Il se trouve que j'habite une ville (New York), où plusieurs fois de suite, les campagnes politiques relatives aux élections municipales ont porté, notamment, sur les budgets, la construction et l'administration générale des écoles, qui ont à instruire plus de neuf cent mille enfants. L'un des journaux de New York qui témoigne le plus d'intérêt aux questions concernant l'instruction, s'exprime en ces termes, par la plume de son éditeur : « Notre régime scolaire a été conçu en 1898 par des autorités qui avaient étudié le sujet d'une manière trop académique. Comme c'était le cas pour les écoles françaises, au dire de Matthew Arnold, dans une même année d'études, tous les enfants, à la même heure, ouvraient le même livre à la même page et apprenaient par cœur les mêmes leçons[1]. » On s'imagine aisément les gardiens jaloux de notre démocratie établissant le principe qu'il faut, en Amérique, faire la même chose pour chacun, de la même manière, sans crainte ni faveur. Peu à peu, naturellement, on en vint à modifier plus ou moins les méthodes scolaires à l'égard des enfants mal portants et des arriérés mentaux, comme en ce qui concerne l'enseignement manuel et d'autres points encore. Le résultat en est que de nos jours une proportion d'enfants beaucoup plus élevée passe des écoles primaires aux écoles secondaires. Néanmoins, ainsi que le dit miss Abbott à propos des écoles de Chicago[2], le public ne comprend pas encore bien que les problèmes scolaires ne sont pas uniquement d'ordre éducatif, mais qu'ils sont aussi, en partie d'ordre social.

La standardisation des âges, des tests mentaux, et des programmes, appuyée sur les chiffres imposants des statistiques, a constitué de puissants remparts derrière lesquels le conservatisme professionnel s'est retranché dans beaucoup de parties du pays. Ce fut seulement en 1906 qu'on essaya d'introduire dans l'en-

1. *New York Evening Post*, 13 octobre 1921.
2. Abbott Edith et Breckenridge S.P., *Truancy and Non-Attendance in the Chicago Schools*, p. 227. University of Chicago Press, 1917.

seignement les principes et les méthodes du service social des cas individuels, en nommant des institutrices visiteuses[3], rémunérées au début par l'initiative privée, qui les soutient encore aujourd'hui ; mais ce service est maintenant repris en partie par l'administration scolaire. Un éducateur a décrit cette innovation comme une tentative faite « pour sauver l'enfant des enfants et les instituteurs des écoles ». Si jamais il a fallu décomposer un problème immense et soumettre séparément à l'analyse chacun de ses éléments constituants, ce fut le cas pour l'enseignement primaire public en Amérique, au commencement du XXe siècle.

À l'heure actuelle l'institutrice visiteuse n'a encore fait que des débuts encourageants. Naturellement, son action est étroitement liée à l'inspection médicale, aux examens mentaux scolaires, à l'orientation professionnelle, ainsi qu'aux divers autres aspects individualisateurs du travail scolaire. Plus qu'aucun de ceux-ci, toutefois, elle s'exerce sur ce terrain stratégique, encore dépourvu de sentiers fréquentés, qui s'étend entre le foyer et l'école. La journée d'un enfant comporte cinq heures de classe et dix-neuf heures passées en dehors de l'école ; on trouve évidemment une voie d'accès importante auprès de l'écolier dans les relations sociales au milieu desquelles s'écoulent ces heures extrascolaires. J'emprunte la plus grande partie de la brève description qui va suivre à une brochure publiée récemment par l'Association pour le progrès de l'enseignement public à New York. Le contenu de cette brochure est basé sur la correspondance entretenue par l'Association avec soixante institutrices visiteuses, dispersées dans vingt-huit villes différentes.

Une institutrice visiteuse est une assistante sociale possédant, de préférence, quelque expérience personnelle de l'enseignement. La direction de l'école lui signale un certain nombre d'élèves, dont le travail, la santé, la conduite, l'exactitude, la régularité laissent à désirer, ou qui paraissent soumis à des influences familiales défavorables. Le rôle de l'institutrice visiteuse consiste à découvrir les causes de ces situations et à y remédier par une meilleure adaptation. Il n'est donc pas étonnant que, parmi les moyens dont elle se sert le plus souvent, figurent l'usage de son influence personnelle, la mise en œuvre de la collaboration des parents, le recours aux conseils et à l'aide de spécialistes de la médecine et de la psychiatrie, l'appui des œuvres sociales, l'utilisation des occasions de récréation existantes, la modification du milieu dans lequel évolue l'enfant. Nous avons constaté, à plusieurs reprises, que ce sont là les mesures le plus fréquemment employées par toutes les assistantes sociales spécialisées dans le service des cas individuels. « Modification du milieu » peut signifier un changement effectué à l'école même, ou bien encore le passage d'une école à l'autre. Les changements effectués à l'école que fréquente l'enfant, tels que le passage dans une classe supérieure, dans une classe inférieure, ou dans une classe spéciale, se fondent sur les renseignements donnés aux instituteurs après étude individuelle de l'enfant dans son quartier et dans sa famille. L'analyse des réponses faites aux demandes envoyées par l'Association montre que :

3. Appelées aussi aux États-Unis « visiteuses de la famille et de l'école ».

> Même dans les écoles où l'on a opéré un reclassement basé sur le niveau mental, les institutrices visiteuses ont trouvé des enfants dont les résultats scolaires ne correspondaient pas à leur quotient mental, et dont « l'état physique », les « influences extra-scolaires », « l'histoire familiale », les « défauts de caractère », etc., devaient être pris en considération pour expliquer leur insuccès. Le rajustement des conditions familiales défavorables, quelles qu'elles fussent, eut pour résultat d'amener ces enfants à fournir un travail scolaire en rapport avec leur niveau mental. Le récit suivant dépeint ce type d'enfants. Un garçon de neuf ans, dont le quotient mental était de 120[4], était un très mauvais élève de quatrième année primaire. L'institutrice visiteuse apprit qu'il avait coutume de lire jusqu'à onze heures du soir « des livres pris au hasard dans la bibliothèque ». Il sortait rarement : « Dans un pareil quartier ! » L'institutrice visiteuse lui fit un choix de lectures en rapport avec ses études ; elle l'intéressa aux sports de plein air et arrêta avec sa mère un programme quotidien très rempli, de sorte que, le soir venu, l'enfant, le corps fatigué et l'esprit satisfait, était disposé à se coucher tôt. L'intérêt qu'on lui témoigna et la surveillance qu'on exerça lui firent obtenir des résultats scolaires en rapport avec son intelligence et transformèrent son caractère. Lambin et rêveur jadis, il est devenu un garçon énergique, et un bon écolier[5].

Il y a toutefois, dans ce nouveau développement du service social des cas individuels, un point décourageant. Les femmes qui assument cette tâche sous des auspices, soit publics, soit privés, sont souvent chargées d'une besogne trop considérable, qu'elles ne peuvent par conséquent accomplir d'une façon satisfaisante. Une institutrice visiteuse qui doit s'occuper de plus de deux cents enfants par an, ne fait ni du service social des cas individuels, ni quoi que ce soit qui ait un caractère social productif. Dans beaucoup d'écoles on confie à l'institutrice visiteuse de trois à cinq cents écoliers, parfois même jusqu'à un millier. Nous considérons déjà deux cents enfants comme un chiffre très élevé ; il faut bien le réduire de moitié si l'on veut arriver à une réelle compréhension de l'enfant et contribuer pleinement à la réorganisation des méthodes scolaires. Les chiffres cités dans le rapport publié par l'Association pour le progrès de l'enseignement public prouvent qu'actuellement, parmi les vingt-huit villes qui ont répondu aux demandes concernant les institutrices visiteuses, quelques-unes ont le mot sans avoir la chose.

Il est impossible d'étudier une des formes organisées de la vie sociale, en la détachant de toutes les autres. Considérons, par exemple, la multiplicité des rapports qui existent entre la famille et l'atelier. Il y a plus de treize ans, dans une réunion de travailleurs sociaux, je me permis de soutenir la thèse, très discutée à ce moment, que toutes les formes prises par l'industrie, la finance, les relations internationales, le gouvernement lui-même, seraient jugées à la longue selon leurs effets sur la vie de famille, et devraient finir par se conformer aux exigences

4. Le quotient mental normal à un âge quelconque est 100. Au-dessus de ce chiffre, l'intelligence de l'enfant dépasse la normale.

5. *The Visiting Teacher in the United States*, p. 33 et suivantes. *A Survey by the National Association of Visiting Teachers and Home and School Visitors*, New York, Public Education Association, 1921.

de celle-ci, ou bien être, soit supprimées soit modifiées[6]. Certains de mes auditeurs estimèrent que, dans cette lutte, qui leur paraissait inégale, la victoire resterait inévitablement à ces institutions plutôt qu'à la famille. Sans doute n'ai-je pas su m'exprimer assez clairement; toujours est-il que je ne vois pas de raisons de modifier ma manière de voir. Si, par exemple, les employés de chemins de fer ne peuvent voir leurs enfants assez souvent pour les connaître réellement et pour que leurs enfants les connaissent bien; si une trop longue journée de travail, ou un salaire insuffisant, ou le déplacement brusque de nombreux ouvriers, envoyés au loin, détruisent la vie de famille, l'industrie elle-même ne peut manquer d'être paralysée par la réaction inéluctable qui se produira contre un tel aveuglement social, et une réorganisation de l'industrie deviendra inévitable si l'on veut que la civilisation survive.

On peut naturellement, retourner l'exemple, et établir que quelques-unes des bases de la vie de famille elle-même ont leurs racines dans les conditions économiques et dans les conditions du travail. Ainsi Vinogradoff, dans sa brève revue des lois tribales, montre avec quelle fréquence l'organisation de la tribu et les coutumes conjugales ont été façonnées par les conditions physiques et industrielles du milieu[7]. Ces deux points de vue ne sont pas inconciliables : l'un a trait aux origines, l'autre aux développements éventuels.

La mention des relations organisées il y a très peu de temps entre l'industrie et le service social des cas individuels pourra suggérer ce que sont certaines tendances actuelles de l'industrie. Un des premiers points de contact entre le service social des cas individuels et l'industrie se produisit au cours des campagnes entreprises contre le travail des enfants, mais je réserve toute considération relative à ce sujet et à quelques autres relations du service social avec l'industrie pour un chapitre spécial, parce que je montrerai ainsi l'action réciproque de toutes les branches du service social dans la réalisation d'importantes réformes.

L'introduction du service social des cas individuels dans l'administration de l'industrie est très récente. Les changements dans les méthodes de production qui déterminèrent cette innovation ont été indiqués par feu Franklin K. Lane, qui écrivait à la fin de son terme de service au Ministère de l'Intérieur : « Laissant rapidement derrière nous cette période fruste de notre vie nationale pendant laquelle nous avons traité en masse les hommes et les choses, nous entrons dans une période de développement plus intense; au cours de celle-ci, nous devrons nous efforcer de découvrir les qualités propres de chaque unité, que cette unité soit un arpent de désert, un tonneau de pétrole, un cañon dans la montagne, le cours d'une rivière ou les capacités de l'homme le plus humble. »

Il nous est impossible de nous arrêter ici aux détails de ce qu'on désigne communément sous le nom de « Service du personnel », mais il est évident que non seulement cette institution telle qu'elle existe actuellement dans les fabriques et

6. Comptes rendus de la Conférence nationale des œuvres de charité et de correction (actuellement appelée Conférence nationale du service social), 1908, p. 77.

7. Vinogradoff Sir Paul, *Outlines of Historical Jurisprudence*, vol. I, pp. 163-212, Oxford University Press, 1920.

les ateliers, mais aussi le département spécialisé de ce service qui s'occupe de l'hygiène mentale des ouvriers, devront faire appel aux qualités et à la technique propres aux travailleurs sociaux.

Une autre application intéressante du service social des cas individuels aux problèmes de l'industrie nous est offerte par la réparation des accidents du travail. La Commission industrielle de l'État de New York a engagé deux assistantes sociales professionnelles spécialisées dans le service des cas individuels. Elles sont chargées de relever les données sociales propres à aider la Commission dans ses décisions individuelles relatives à la réparation due aux ouvriers. Leurs fonctions comportent aussi diverses autres tâches : elles choisissent comme tuteurs des personnes aptes à remplir ces fonctions, lorsque les bénéficiaires de l'indemnité sont des enfants ; elles complètent l'indemnité accordée en y ajoutant une intervention spécialisée qui en accroît l'utilité, par exemple en assurant la rééducation professionnelle du blessé, en trouvant du travail pour les invalides, en procurant les soins médicaux, etc. ; elles se mettent en relation avec les différentes œuvres locales, toutes les fois que des difficultés se révèlent qui ne sont pas du domaine de la Commission. Miss Frances Perkins, à qui l'État doit l'organisation de ce service, en démontre la valeur par l'exemple suivant, choisi parmi plusieurs autres :

> Hogan, un père de famille, périt en 1916 à la suite de graves brûlures. La mère était déjà morte. La Commission désigna comme tuteur des enfants M. Craig, leur oncle, et l'autorisa à recevoir les sommes destinées à leur entretien. En 1920, on s'aperçut que les reçus ne portaient plus la signature de M. Craig. Une lettre fut envoyée, à laquelle Mme Craig répondit que son mari était absent et qu'elle recevait l'argent à sa place. Le service de patronage des cas réglés fut plus tard chargé de faire une enquête, principalement parce que le Commissaire se souvenait de la beauté et du charme exceptionnels des enfants Hogan, et s'inquiétait de leur sort.
>
> On découvrit la famille dans un milieu lamentable. M. Craig purgeait une peine de cinq ans d'emprisonnement pour vol. Mme Craig travaillait au dehors, à la journée. L'aînée des filles, Mary, qui gardait ses jeunes frères et sœurs, ne pouvait aller à l'école. Un fils de 18 ans, Tom, était gravement estropié à la suite d'un accident survenu dans la rue, et il avait grand besoin de soins médicaux. On obtint facilement de la Caisse des pensions aux veuves une allocation pour Mme Craig. Cette allocation, jointe à l'indemnité accordée aux enfants et à l'aide fournie par quelques-uns des proches, que l'on avait été voir, permit à Mme Craig de rester à la maison et de s'occuper des enfants. On renvoya Mary Hogan à l'école ; Tom reçut des soins dans une bonne clinique orthopédique, et, à l'heure actuelle il se remet d'une opération qui redressera sa jambe tordue et la rendra à peu près normale. Dans ce cas, nous avons conseillé à la Commission de continuer à verser l'indemnité des enfants Hogan à Mme Craig, mais ce fut seulement au prix de nombreux efforts que les conditions dans lesquelles vivait cette famille se modifièrent au point de justifier cette recommandation[8].

8. Perkins Frances, An Experiment in the Application of Case Work Methodes to a new Problem, *The Family*, avril 1921.

Il existe probablement bien d'autres situations encore qui impliquent des rapports entre les deux catégories de personnes qu'au point de vue économique nous pouvons appeler les forts et les faibles. Dans ces situations, aucune loi, si bien conçue qu'elle soit, aucune procédure administrative, si bien ordonnée qu'on la suppose, ne peuvent réaliser une justice essentielle, si l'administration ne recourt pas à des adaptations faites cas par cas. Mais je passe à la seule autre question que je puisse tenter de mentionner parmi celles qui se rattachent à la rubrique générale de « l'atelier »: la question de la recherche du travail. Les expressions « orientation professionnelle » et « enseignement professionnel » sont couramment employées depuis longtemps, mais un système technique rationnel, conduisant au maximum de résultats pour chacun des individus auquel il s'applique, n'a été élaboré et appliqué que fort lentement. Quelques-uns des échecs les plus sérieux de notre programme professionnel d'après-guerre peuvent être attibués à ce retard.

Les Bourses publiques du travail qui fonctionnaient pendant la guerre, pour nécessaires qu'elles aient été, présentaient quelques-uns des mêmes inconvénients. En théorie, elles se proposaient un but unique : celui de mettre en rapport l'homme en quête de travail avec l'homme en quête de main-d'œuvre. Mais les faits ne confirment pas toujours la théorie d'après laquelle les deux parties, dans ce marché, se rencontrent sur un pied d'égalité. Ici aussi, un jour ou l'autre, il faudra en venir à ces adaptations sociales que l'on pratique déjà dans quelques-unes des sections pour adolescents des Bourses du travail des États. Là, comme l'explique un fonctionnaire d'une de ces institutions, on essaie, lorsqu'on place des jeunes gens, de tenir compte de leurs aptitudes spéciales, de leur formation, de leur physique, de leur milieu familial, de leur personnalité. Une fois l'adolescent placé, on se préoccupe avec soin du résultat du placement. Aucune Bourse du travail ne peut prendre de décision pour l'ouvrier ou le patron, mais, en leur fournissant un tableau précis de la situation concrète, elle leur donne des bases plus solides pour la détermination qu'ils doivent prendre.

Ce n'est pas ici qu'il convient de décrire en détail le service social des cas individuels dans les périodes de crise industrielle, bien que la protection temporaire des sans-travail et leurs familles ait toujours été, à ces moments, un fardeau considérable pour ce service, et que le chômage crée de nombreuses situations qui nécessitent un traitement social se prolongeant pendant des années après la crise industrielle. Les fluctuations violentes qui se produisent entre les époques où il y a une grande pénurie de main-d'œuvre, et celles où règne une grande pénurie de travail, relèvent de causes sur lesquelles les institutions sociales du pays n'ont guère de prise. Celles-ci s'en rendent compte et les œuvres qui ont fait le plus pour atténuer les désastres causés par les années de crise sont aussi celles qui, avec le plus d'insistance, ont sollicité des mesures préventives de la part du gouvernement et de l'industrie. « Quand les gens sont malades, disais-je dans un rapport écrit après la crise de 1907-1908, nous pouvons les guérir ; quand ils sont mauvais, nous pouvons essayer de les réformer, mais quand ils manquent de travail, il n'y a qu'un remède effectif à leurs maux, c'est de leur trouver un vrai travail et de vrais salaires. »

Certains aspects de la situation, néanmoins, continueront à nécessiter l'aide technique de l'assistante sociale spécialisée dans les cas individuels. Dans un chapitre précédent, j'ai mentionné en passant plusieurs types de sans-travail et j'ai montré combien il est important d'établir une différenciation dans le traitement de ces divers types[9]. Plus les patrons et le public prendront des mesures variées et souples, plus sûrement nous constaterons la disparition des maux les plus graves qui accompagnent ces cycles de l'évolution industrielle. En attendant, les œuvres sociales sont loin de rester indifférentes à la tragédie de l'homme et de la femme sans travail. Elles prennent les mesures palliatives qui sont à leur portée, en ayant soin, autant que possible, de demeurer fidèles à leur système d'adaptation individuelle des services rendus. Pour citer encore mon rapport de 1908, elles « consentent un prêt à l'un, envoient un autre couper du bois et fournir un travail proportionné à son salaire, évitent l'expulsion imminente d'un troisième par son propriétaire, trouvent une occupation pour un quatrième, font admettre le cinquième dans un hôpital, placent le sixième à la campagne avec toute sa famille, avancent de l'argent au septième, acheteur exceptionnellement économe, fournissent au huitième, un imprévoyant, de modestes secours en nature et, en lui offrant du travail, mettent à l'épreuve son désir de s'occuper; enfin, au lieu de faire double emploi, elles confient le neuvième à l'œuvre d'assistance qui déjà s'occupait de lui ».

De même qu'après un cataclysme, on est tenté d'attribuer tous les maux qu'on éprouve au tremblement de terre, à l'inondation ou à l'incendie, de même, dans une époque de crise industrielle, les œuvres sociales risquent de ne voir chez leurs clients qu'un seul besoin, celui de trouver du travail, alors qu'en fait, leurs défauts d'adaptation les plus graves peuvent être d'une tout autre nature. Comme je l'expliquerai dans le chapitre suivant, pareil aveuglement de la part de personnes dominées par une seule préoccupation a failli compromettre le traitement de Rupert Young et de sa famille[10].

Je viens d'envisager ce vice de notre organisation industrielle qui, périodiquement, impose au service social des cas individuels un problème collectif qu'il n'est guère apte à résoudre. La forte organisation réalisée depuis une génération par la profession médicale et par les hôpitaux fait avec cette impuissance de l'industrie un contraste frappant. Les progrès admirables de la médecine, de la chirurgie et de l'hygiène publique n'ont pas seulement enrichi les œuvres de protection familiale et les œuvres de protection sociale de l'enfance d'une véritable batterie de ressources nouvelles, ils ont aussi permis, dans l'hôpital même, une nouvelle et précieuse adaptation du service social des cas individuels aux besoins des malades qui fréquentent la consultation ou sont en traitement dans les salles.

Des médecins avisés désiraient obtenir des résultats meilleurs et plus durables: telle fut l'origine du service social à l'hôpital. Ces médecins trouvèrent que la compréhension sociale fortifiait leur diagnostic et que les réadaptations sociales rendaient leur traitement plus efficace. Nous notons, ici encore en médecine,

9. Voir Chapitre VI, p. 74.
10. Voir pages 112 et suivantes.

cette évolution sur laquelle j'ai appelé l'attention dans divers domaines déjà. Au cours de cette longue et lente transformation, on a commencé par donner des remèdes un peu au hasard; plus tard, on les a, d'une manière dogmatique, appliqués uniformément à tous; enfin, on en est venu à un classement plus ou moins scientifique des maladies et à un traitement standardisé pour chacune d'elles. De nos jours, toutefois, par une sorte de mariage entre la science médicale et le service social, la médecine sociale commence à traiter non seulement la maladie, mais aussi le malade dans son milieu individuel. La médecine préventive ne doit pas seulement sa vitalité et ses progrès continus aux expériences de laboratoire et aux découvertes nouvelles. Elle les doit encore à l'application de ces découvertes à la vie elle-même, aux adaptations suggérées par les cliniciens, aux problèmes nouveaux qu'ils ont signalés, aux rapports rédigés par les assistantes sociales sur les obstacles que le milieu leur oppose et sur les résultats lointains de leur travail.

Près de 350 hôpitaux, aux États-Unis, possèdent maintenant un département du service social. Le développement de ces départements a parfois dépassé le contingent disponible d'assistantes médico-sociales compétentes. Dans certains hôpitaux, d'autre part, les progrès de ces services ont été retardés par une tendance à surcharger les assistantes sociales d'obligations administratives qui ne sont pas de leur ressort. Mais toutes les branches du service social des cas individuels doivent beaucoup aux modifications introduites dans ses méthodes par les assistantes sociales des dispensaires et des hôpitaux, qui travaillent dans des conditions nouvelles et collaborent d'une façon constante avec les spécialistes émérites d'une autre profession. L'assistante sociale professionnelle est l'interprète de la population vis-à-vis de l'hôpital et celle de l'hôpital vis-à-vis de la population. En ce qui concerne l'admission des malades à l'hôpital et leur sortie de cet établissement, l'assistante sociale peut pratiquer des rajustements qui font gagner du temps et qui sauvent des existences. Il ne faudrait point toutefois perdre de vue l'avertissement que donne miss Ida Cannon quand elle dit:

> « Actuellement, les fonctions administratives de l'assistante sociale à l'hôpital l'absorbent au détriment de son travail social. Elle a trop de besogne pour trouver le temps de visiter les familles et pour garder nettement présentes à l'esprit les conditions sociales d'existence de ses clients. Ainsi, elle devient un rouage administratif, et prive l'hôpital de la contribution la plus importante qu'elle puisse lui apporter: le fait d'être affranchie de tout esprit de routine, de garder vivants en elle le point de vue collectif et le point de vue du malade[11]. »

Une branche du service médico-social des cas individuels qui s'est rapidement développée depuis la guerre est connue sous le nom de service social psychiatrique. Nous n'avons à nous occuper ici de ce service que s'il est entrepris en collaboration étroite avec un spécialiste absolument compétent. La valeur de

11. Cannon Ida M., Allocution prononcée devant l'*American Hospital Association*, octobre 1920. Voir aussi le livre de miss Cannon, *Social Work in Hospitals*, dont une édition révisée a été publiée par la Russell Sage Foundation.

cette collaboration saute aux yeux, puisque dans le domaine mental, plus encore que dans le domaine médical, le diagnostic réel dépend en partie de l'enquête sociale, et que le traitement qui en résulte est largement une question de réadaptation sociale[12].

Chacun conviendra sans doute que la tradition et les précédents pèsent d'un poids plus lourd et paralysent dans une plus large mesure le fonctionnement journalier des tribunaux que celui des hôpitaux. Ces deux institutions, cependant, sont l'une comme l'autre aux mains de professions établies de longue date. Dans la mesure où celles-ci sont fortement organisées et où leurs membres possèdent une mentalité professionnelle spéciale, l'assistante sociale attachée aux hôpitaux ou aux tribunaux se trouve dans un certain état d'infériorité. Il est donc important que l'assistante sociale, avant de s'orienter vers l'hôpital ou vers les tribunaux, soit en possession de connaissances solidement établies, tant au point de vue des principes du service social que de sa technique. « Nous lisons, en vérité, dit George Eliot, que les murs de Jéricho tombèrent au son des trompettes, mais nous n'avons jamais ouï dire que ces trompettes aient eu un son faible ou rauque. »

Le tribunal est la dernière des institutions sociales que je me propose d'examiner ici, et par tribunal, j'entends toute la machine judiciaire, en y comprenant sa mission d'interprétation et d'exécution des sentences. Autrefois, ces fonctions étaient perverties par notre désir aveugle de punition et de vengeance. Plus tard, on tenta d'adapter le châtiment au crime. De nos jours seulement, nous commençons à comprendre qu'il faut adapter le châtiment (ou plutôt le traitement) au criminel. Le doyen d'une de nos grandes Facultés de droit, le professeur Roscoe Pound, nous dit :

> « Le XIXe siècle était hostile à l'individualisation comme à toute discrétion laissée aux éléments administratifs, discrétion qui est l'agent principal de l'individualisation. On cherchait à réduire l'administration de la justice tout entière à des règles étroites, rigides, formelles, appliquées d'une manière automatique. Il en était ainsi dans le monde entier, mais plus particulièrement, et d'une façon plus excessive, en Amérique… De là sont venus notre procédure et nos systèmes inflexibles de traitement pénal, basés sur la crainte de voir le procureur, les juges ou les directeurs de prisons se laisser entraîner à un mouvement spontané devant les exigences d'un cas particulier[13]. »

Les juges modernes ne considèrent plus certaines catégories de spécialistes comme des experts cités à titre de témoins par l'accusation ou par la défense, afin de prouver que le noir n'est pas après tout aussi noir, ni le blanc aussi blanc qu'on pourrait le croire. Ils en font des conseillers désintéressés du tribunal, qui ne sont au service d'aucune des deux parties, mais cherchent à découvrir le point de contact entre les vrais intérêts de la société et ceux des individus en cause. Le développement progressif de la liberté surveillée, de la condamnation conditionnelle, de la libération conditionnelle et de la sentence indéterminée a fourni

12. Voir la note au bas de la page 50.
13. Pound et Frankfurter, *Criminal Justice in Cleveland*, Cleveland Foundation, 1922.

aux médecins, aux psychologues, aux psychiatres et aux assistantes sociales l'occasion de suggérer divers points qui devraient être pris en considération lorsqu'on juge l'accusé. Il leur a permis aussi d'indiquer diverses façons de procéder – différentes selon les individus – qui pourraient être employées lorsqu'il s'agit de confier temporairement la destinée d'un homme à la direction et au contrôle de l'État.

Le système de la liberté surveillée pour les mineurs et pour les adultes est probablement la voie la plus importante par laquelle le service social pénètre aujourd'hui dans les tribunaux. La liberté surveillée pour les mineurs date de 1860 environ. Elle est due à une œuvre privée de protection de l'enfance, mais l'usage qu'en font les tribunaux, même de nos jours, est encore loin d'être complètement efficace. Les changements sont lents dans un monde voué aux traditions immuables et aux jugements formalistes. Ainsi, certains tribunaux ont recours à la liberté surveillée pour éviter une décision difficile et impopulaire. De plus, ils s'en servent encore dans des circonstances où elle ne peut qu'être inefficace[14]. Ces applications mal comprises d'une méthode, bonne en elle-même, font que les déléguées du tribunal sont chargées de cas trop nombreux : malgré leur zèle, elles ne peuvent les traiter d'une façon efficace, et ici encore, nous trouvons un type de service social des cas individuels placé dans de mauvaises conditions par la surabondance des clients. Cette remarque, qui porte sur la liberté surveillée, est loin d'avoir un caractère universel, car on a accompli dans ce domaine une œuvre exemplaire, mais notre réflexion n'est encore que trop exacte. L'histoire de Maria Bielowski témoigne de l'excellente besogne accomplie par la déléguée du juge qui, on s'en souviendra, réunit les renseignements sociaux relatifs à cette jeune fille, avant que l'arrêt n'eût été prononcé.

Les juristes et les juges les plus éminents désirent que de nombreux changements soient introduits dans la procédure. Lorsque je préparais mon ouvrage sur le *Diagnostic social*, j'en soumis certains chapitres à l'examen d'un homme bien connu pour sa compétence en matière de témoignage judiciaire. Il eut la bonté d'examiner mon manuscrit, et beaucoup de ses critiques furent d'une sévérité salutaire. Mais il avoua ne pas s'être rendu compte jusqu'alors de l'utilité considérable que peuvent présenter les témoignages, en dehors du tribunal. « Le point important, conclut-il, c'est que dans les tribunaux de la prochaine génération, qui posséderont tout un personnel d'assistantes sociales, ces matériaux et ces méthodes seront devenus les éléments principaux, et beaucoup des règles techniques dont nous nous servons actuellement seront abandonnées. »

Nous avons encore du chemin à faire avant qu'aucun de nous puisse prétendre à une connaissance des éléments de l'enquête sociale et à une habileté dans les adaptations entre les hommes et leur milieu social, qui pourraient donner un début de justification à cette prophétie, mais le but en vaut la peine, et, en attendant d'y arriver, chaque étape du voyage est pleine d'intérêt et d'enseignements.

---

14. Voir par exemple le bulletin n° 2 de la *Seybert Institution* de Philadelphie, au sujet de la façon dont le tribunal des enfants et le tribunal des relations domestiques traitent les cas qui leur sont soumis.

Il ne faudrait pas déduire de ce qui précède que la famille, l'école, l'atelier, l'hôpital et le tribunal soient les seuls endroits où le service social des cas individuels ait fait ses preuves où que ce soient les seules institutions dont il soit appelé à déterminer, pour une part importante, l'orientation future. Même dans ces cinq institutions sociales, nous n'avons fait qu'indiquer un petit nombre des progrès réalisés par le service social des cas individuels. Ainsi, nous avons passé sous silence la combinaison qui allie l'enseignement de l'économie domestique au service social des cas individuels pour améliorer la tenue du ménage. Nous n'avons pas parlé de la technique perfectionnée actuellement en usage pour le relèvement des foyers détruits par les catastrophes. La protection des enfants martyrs et des enfants négligés constitue une branche spéciale du service social de la protection de l'enfance. Lorsqu'il s'occupe des enfants de caractère difficile et des enfants confiés à des parents nourriciers, le service social donne naissance à deux autres spécialités nettement distinctes. Un domaine que l'on n'a pas encore cultivé est l'application des principes de la protection de la famille et de la protection de l'enfance à l'administration de ces fortunes que l'on confie actuellement à des institutions financières. Elles gèrent les revenus modestes qui reviennent aux mineurs et aux adultes mal adaptés, mais elles pourraient servir incidemment l'intérêt social de leurs clients aussi bien que leurs intérêts matériels.

Rien n'a été dit non plus, en ce qui concerne l'école, des possibilités de développement social dans les administrations chargées de surveiller la fréquentation scolaire, quoique, s'il est bien compris, le rôle de l'inspecteur de la fréquentation scolaire soit d'ordre social. Les personnes qui fournissent aux enfants des certificats d'aptitude au travail et celles qui tentent de pratiquer l'orientation professionnelle devraient avoir quelque notion de la technique de service social des cas individuels.

La direction des ateliers, aussi bien que l'embauchage, la répartition et l'avancement des ouvriers comportent l'emploi de beaucoup des méthodes du service social. Les commissions de protection des aveugles, les œuvres protectrices des estropiés, les institutions de rééducation des infirmes trouvent dans le travail social des cas individuels une aide des plus importantes. À quelques rares exceptions près, on n'est pas encore arrivé à appliquer la méthode du traitement individuel dans les prisons et dans les maisons de correction de ce pays, mais les délégués chargés de protéger les condamnés qui sont libérés à titre provisoire ou à titre définitif devraient être des travailleurs sociaux au courant du service des cas individuels. Les bureaux d'assistance juridique doivent leur existence à l'initiative d'avocats; beaucoup de leurs promoteurs, toutefois, recherchent maintenant une collaboration plus intime avec les œuvres de protection familiale, afin d'arriver à combiner dans ce domaine le point de vue social et le point de vue juridique. Une innovation récente est l'application du service social des cas individuels à une protection meilleure et à une orientation plus judicieuse des voyageurs désemparés. L'immigrant fraîchement débarqué dans un port américain semblerait avoir, plus que tout autre, besoin d'une direction individuelle bien comprise. Tel est le cas, en effet, mais on n'a que trop confié cette tâche à des mains inhabiles, ou bien on l'a complètement négligée, ce qui fait qu'aujourd'hui le service social des cas individuels n'est pas suffisamment développé aux portes mêmes de notre pays. Toutefois, l'opinion publique se préoccupe de cette sérieuse lacune, et il y a des raisons d'espérer qu'on y remédiera bientôt.

Presque chaque mois, mon attention est attirée par quelque application nouvelle et heureuse du service social des cas individuels au bien-être de l'humanité, et ces exemples me viennent souvent des sources les plus inattendues. Parfois, ces développements nouveaux s'écartent beaucoup des types de service social qui leur ont donné naissance. Un de ces exemples se rencontre dans la pratique privée de médecins et de psychiatres qui, s'étant rendu compte de ce que peut le service social des cas individuels dans leurs consultations gratuites, recherchent l'aide des assistantes sociales pour leurs malades payants. Il est impossible de prévoir avec quelle rapidité le service social des cas individuels se formera sa propre clientèle privée, mais il ressort, à toute évidence, des exemples cités dans ce livre, qu'il peut être utilisé tout aussi bien dans les familles riches que dans les familles pauvres, car, dans les unes comme dans les autres, le développement de la personnalité peut être, ou contrecarré et retardé, ou développé et enrichi.

10. LES DIVERSES BRANCHES DU SERVICE SOCIAL ET LEURS RELATIONS RÉCIPROQUES

Sainte-Beuve relate que, sous le règne de Louis XIV, un chirurgien dit un jour au chancelier d'Aguesseau qu'il souhaitait voir ériger un mur infranchissable entre la chirurgie et la médecine. Le chancelier répliqua : « Mais, Monsieur, de quel côté du mur placerez-vous le malade ? » La question du chancelier peut s'appliquer de nos jours encore à la plupart des professions. Partout, le spécialiste court le danger d'acquérir un tour d'esprit insulaire, et ce phénomène se produit parfois jusque dans le domaine du service social. Nous avons vu les assistantes sociales mettre leurs talents spécialisés au service des familles, des tribunaux, des écoles, des hôpitaux, des établissements industriels. Mais il est tout aussi important et tout aussi nécessaire au bon fonctionnement de ces institutions que l'assistante sociale vouée au service des cas individuels, possède un sens très net de l'ensemble du service social et des rapports qui relient à cet ensemble chacune de ses parties.

Les autres branches du service social, qui toutes sont en relations réciproques avec le service social des cas individuels, sont au nombre de trois : elles ont pour objet les services sociaux collectifs, les réformes sociales et les recherches sociales. Le service social des cas individuels vise à établir de meilleures relations sociales en traitant les individus un à un dans le cercle intime de la famille, mais le service social atteint aussi les mêmes fins générales par d'autres moyens. Il englobe une variété considérable d'opérations s'adressant à des groupes – résidences sociales[1], œuvres des loisirs, cercles, œuvres de quartier, œuvres locales – opérations dans lesquelles l'individu, bien qu'on s'adresse directement à lui, n'est plus

1. Les résidences sociales ou centres sociaux (*social settlements*) visent à améliorer les conditions d'existence d'un quartier dont les ressources sont minimes par l'établissement à demeure d'un petit groupe de travailleurs sociaux. Le fait d'habiter le quartier permet aux *résidents sociaux* de connaître intimement leur voisinage et de procurer petit à petit aux habitants les moyens de mieux utiliser leurs loisirs, de mieux cultiver leur santé, et d'arriver à une meilleure expression de leur personnalité.

qu'une unité dans un ensemble. Par une méthode différente de celles qu'emploient le service social des cas individuels et les services sociaux collectifs, et tout en poursuivant le même but, le service des réformes sociales vise à élever « en gros » les conditions dans lesquelles vivent les masses, principalement par la propagande sociale et par la législation sociale. Que l'objectif immédiat soit l'amélioration des logements, de la santé, des conditions du travail, de l'utilisation des loisirs, ou les nombreuses autres fins poursuivies par les réformes sociales, le but principal de celles-ci n'en reste pas moins de faire progresser l'espèce humaine en rendant meilleures les relations sociales. Enfin, le service des recherches sociales, avec son précieux bagage de découvertes accomplies dans tous les champs d'action du service social, a aussi comme tâche accessoire de rassembler les faits connus, et de les réinterpréter à l'usage du service des réformes sociales, des services sociaux collectifs et du service social des cas individuels.

J'ai dit précédemment que le service social des cas individuels serait fragmentaire si on le séparait du champ beaucoup plus vaste du service social en général. Cette affirmation, toutefois, ne suffit pas. Il nous faut démontrer l'interdépendance de toutes les parties du service social, ou plutôt la dépendance du service social des cas individuels vis-à-vis des autres branches du service social, et vice versa.

En ce qui concerne les rapports existant entre le service social qui porte sur les individus, d'une part, et le service social qui affecte des groupes, d'autre part, il suffit de lire la description de ce que miss Sullivan a fait pour miss Keller et de ce que les assistantes ont accompli dans les six cas cités ensuite, à titre d'exemples, pour se rendre compte qu'un usage intelligent des ressources collectives fournies par les œuvres de récréation, d'éducation et de coopération constitue, pour l'assistante sociale spécialisée dans le service des cas individuels, le meilleur moyen indirect de développer la personnalité. L'individu isolé ou la famille isolée ne sont jamais un individu normal ni une famille normale. Rappelons-nous, par exemple, à combien de ressources sociales on fit appel en faveur de Winifred Jones et de ses enfants avant d'en arriver à rendre leur foyer plus attrayant pour eux. Il existe aussi un domaine situé à mi-chemin entre le service social des cas individuels et le service social collectif qui, mieux cultivé pourra fournir, comme je l'ai suggéré à la fin du chapitre V, des matériaux nouveaux à la psychologie sociale.

Je ne crois pas qu'on puisse donner de meilleur conseil aux assistantes du service familial des cas individuels que celui d'étudier et de développer la partie de leur sphère d'activité qui touche aux recherches sociales, aux services sociaux collectifs et aux réformes sociales ou à l'amélioration « en gros » du sort des masses. Je ne veux pas dire qu'elles doivent renoncer à leur propre tâche, ni la négliger, afin d'entreprendre des études spéciales ou de se lancer dans des campagnes législatives, mais j'entends par là que leur activité doit être plus féconde au point de vue scientifique qu'elle ne l'est actuellement ; que les découvertes sociales doivent être le produit accessoire de leur service fructueux dans le domaine des cas individuels, pour emprunter une phrase de Mrs Sheffield, et qu'elles devraient se constituer les témoins fidèles de la nécessité des réformes sociales, chaque fois que ce besoin se révèle au cours de leur travail quotidien. Elles devraient aussi fournir les arguments pertinents qui prépareront le public aux réformes. Enfin, elles aideront plus tard à rendre les nouvelles mesures législatives praticables, en les appliquant dans leur travail social.

Il y a deux ans, j'ai eu l'occasion d'examiner un certain nombre de projets de manuels de sociologie destinés aux étudiants des collèges. Chacun de ces ouvrages consacrait au moins un chapitre à la famille, mais traitait ce sujet avec une prudente réserve et une absence décourageante de documentation de première main. Le manque de consistance dans cette partie initiale de la sociologie n'est pas dû autant à la timidité des autorités qu'à l'absence presque totale d'études de cas empruntés à la vie de famille. C'est là, dans la plus ancienne des institutions humaines, que se trouve le centre des problèmes de l'hérédité physique et sociales et du milieu physique et social, problèmes qui n'ont pas encore trouvé de solution. Le service social des cas individuels ne peut, bien entendu, résoudre ces problèmes, mais il peut créer une méthode qui, permettant de les aborder d'une façon fructueuse, pourrait fournir, avec le temps, un ensemble de données sociales contribuant à leur solution.

L'exploration sociale doit déjà au service familial des cas individuels diverses réformes relatives au logement et les premières campagnes entreprises contre la tuberculose. Le service familial a également eu sa part, que nous indiquerons plus tard, dans la législation sur le travail des enfants. Mais il lui reste encore à donner sa pleine mesure en ce qui concerne l'organisation interne de la famille elle-même, bien que divers travaux en cours soient appelés à rendre de réels services. Nous avons déjà mentionné l'étude des lois relatives au mariage et de leur application ; citons aussi les enquêtes portant sur la tenue du ménage et sur les enfants illégitimes. Ajoutons-y enfin les recherches déjà publiées sur l'abandon conjugal et sur le refus d'entretien de la famille. Il n'est pas douteux que les travailleurs sociaux spécialisés dans le service familial se trouvent placés dans une position exceptionnellement favorable pour faire sur la vie de famille des observations de première main, lorsqu'ils ne sont pas surchargés de besogne et que leur formation théorique dans le domaine des sciences sociales, jointe à leur formation pratique dans le domaine du service social leur permettent de bien situer leurs études. Comme le dit le professeur Park : « L'action réciproque des attractions, de la tension, des accommodations de la personnalité au sein de l'intimité familiale, n'a pas jusqu'à présent trouvé, dans les enquêtes sociales, de description concrète ni d'analyse adéquate[2]. » Par exemple, l'expression « démocratie dans la famille » n'a pas encore été définie jusqu'à présent et ne le sera pas avant que la méthode des cas individuels ait fourni les observations spécifiques et les détails qui compléteront sa signification.

Mais quel rapport le travail si spécialisé de l'institutrice visiteuse peut-il avoir avec le service social en général ? En premier lieu, les institutrices visiteuses sont les interprètes de l'esprit de toute une législation, et plus spécialement des lois

2. Park and Burgess, *Introduction to the Science of Sociology*, p. 216, Chicago, University of Chicago Press, 1921.

qui visent à protéger les enfants mineurs, telles que les lois sur l'obligation scolaire et les lois sur le travail des enfants. Les services qu'elles rendent à la cause des réformes sociales, comme les services qui rendent les travailleuses sociales spécialisées dans le domaine familial, sont réciproques, car ni les unes ni les autres ne pourraient aller très loin dans leur travail, sans l'aide de la législation sociale. De plus, pour citer de nouveau le rapport publié par l'Association pour le progrès de l'enseignement public à New York, « les réponses obtenues montrent que les institutrices visiteuses ne considèrent pas leur tâche comme terminée, lorsqu'elles sont parvenues à réadapter individuellement les enfants. Du service social des cas individuels elles ont tiré, sur les causes générales des situations auxquelles elles sont appelées à remédier et sur les modifications fondamentales nécessaires, des conclusions qui devraient prévenir certaines adaptations défectueuses[3] ».

Constatons-le une fois encore, l'enfant est un animal social, et il n'y a pas de meilleur moyen de connaître les conditions d'existence de la population d'un quartier, il n'y a pas de meilleur moyen d'améliorer ces conditions, que d'étudier leurs effets, en bien ou en mal, sur un jeune être dont les réactions vis-à-vis de son milieu sont toujours d'une sensibilité extrême. David Holbrook raconte dans *The Family* comment, dans un certain district, une institutrice visiteuse anima d'une vie nouvelle les œuvres sociales, qui avaient leur centre à l'école même. Lorsque les mères, et spécialement les mères étrangères, assistaient aux réunions organisées à l'école, c'était grâce à cette assistante sociale, leur amie, qu'elles se sentaient à l'aide. M. Holbrook demande pourquoi on limite cette union entre la famille et l'école aux quartiers pauvres. « Quand les professeurs des écoles payantes et les parents qui y envoient leurs enfants découvriront les avantages que procurent aux élèves des autres écoles les institutrices visiteuses, il se produira en faveur de celles-ci un de ces brusques revirements dont nous avons eu un exemple pour les travaux manuels. Jadis, ils étaient réservés aux anormaux mentaux : maintenant ce sujet fait partie intégrante de tous les programmes scolaires[4]. »

L'assistante sociale à l'hôpital, grâce à son étroite collaboration avec la profession médicale, se trouve placée dans une position particulièrement favorable pour contribuer aux réformes et aux recherches sociales. Les deux catégories de cliniciens, le clinicien social et le clinicien médical, ont tous deux leur rôle bien tracé dans la préservation de la maladie et dans l'éducation hygiénique. Ici, comme dans beaucoup d'autres domaines, la préservation dont on parle souvent comme si elle constituait une spécialité pharmaceutique, n'est ni une branche séparée de la médecine, ni une façon de faire nouvelle destinée à remplacer une méthode ancienne : elle est la résultante, extrêmement précieuse, de tout l'art médical. Prenons, par exemple, les lois nouvelles destinées à combattre les maladies contagieuses et les maladies professionnelles. En en faisant l'usage le plus large, le praticien et le travailleur social découvriront toutes les faiblesses qu'elles peuvent

3. *Op. cit.*, p. 61.
4. *The Family*, février 1921.

recéler. Petit à petit, on les amendera et, grâce à la pression constante exercée par les cliniciens, elles feront bientôt partie des principes admis par tous.

Les relations qui existent entre la fonction judiciaire du président du tribunal et la fonction d'interprétation sociale de l'assistante attachée aux tribunaux rendent particulièrement désirable que celle-ci connaisse l'histoire du service social et se fasse une idée nette, non seulement de la technique qui lui est propre, mais aussi des rapports qui existent entre cette technique et les autres branches du service social. Nulle spécialisation étroite, nulle préparation intensive aux examens administratifs ne peut lui donner les aptitudes nécessaires à remplir un rôle où les responsabilités sont aussi grandes. En fait, il serait difficile de découvrir une branche du service social dans laquelle l'assistante professionnelle puisse rendre des services réels sans posséder une bonne formation sociale générale.

Il est naturel, je suppose, que les rapports plus intimes qui existent actuellement entre le service social et les réformes industrielles soient nés des tentatives faites pour empêcher le travail prématuré des enfants. La première campagne entreprise dans ce sens aux États-Unis fut pour moi l'occasion de m'apercevoir de la part que chaque branche du service social doit prendre dans tout progrès social véritable et permanent, car le progrès, en ce qui concerne le travail des enfants, a été remarquable, bien que certains de nos États soient encore arriérés à cet égard et que le travail des enfants dans les fermes ne soit pas encore réglementé. Le premier programme national relatif au travail des enfants, qui fut plus tard érigé en principe général, prit naissance dans le cerveau d'une femme, une assistante sociale, appartenant au groupe de celles qui se consacrent aux réformes sociales et législatives. Il fut aussitôt accueilli et adopté par les travailleurs sociaux des œuvres de quartier, des résidences sociales, et du service social des cas individuels dans le pays entier. Ce fut parfois l'un, parfois l'autre de ces groupements qui réunit les données précises nécessaires pour éveiller l'attention publique, car il fallait, dans chaque localité, fournir des exemples appropriés. Utilisant à cette phase de la campagne leurs connaissances élémentaires de la technique des recherches sociales, les assistantes sociales des œuvres de quartier et celles du service social des cas individuels fournirent les matériaux pour la rédaction de brochures, de tracts, d'articles de journaux. Ces produits accessoires du service social des cas individuels et du service social de quartier n'auraient eu qu'une utilité restreinte sans la compétence des spécialistes des réformes sociales, qui enseignèrent alors comment on peut faire l'éducation du public, comment on peut rédiger des lois applicables, comment on conduit des campagnes législatives. Tous les groupes du service social s'unirent pendant cette propagande, s'associant parfois en vue de résister à la pression d'intérêts puissants. Les spécialistes des réformes sociales, toutefois, fournirent la direction et une grande partie de la surveillance vigilante qui a été nécessaire depuis.

Un rôle important incomba encore aux travailleurs sociaux dès que les nouvelles mesures prises au sujet du travail des enfants furent inscrites dans la loi. Je sais, par expérience personnelle, jusqu'à quel point, dans un certain État, où, à ce moment, l'industrie avait plus besoin du travail des enfants que partout ailleurs, la nouvelle loi serait restée lettre morte, sans les efforts dévoués des œuvres qui se consacrent au service social des cas individuels. Pendant quelque temps, les parents et de nombreux patrons se montrèrent résolument hostiles à l'application de la loi, tandis que ceux qui en étaient chargés restaient indifférents. Mes collègues, les assistantes sociales, eurent à subir pour cette bonne cause plus d'avanies qu'on ne leur en fit jamais, avant ou après cette époque ; mais quand elles entreprirent d'élaborer un plan raisonnable et adéquat dans chacun des cas où l'on affirmait que la loi lésait les parents, c'est-à-dire dans chacun des cas où les parents prétendaient avoir besoin du salaire d'un enfant de moins de quatorze ans, elles purent, en collaboration avec l'association locale pour le progrès de l'enseignement public, rendre les exceptions à la loi inutiles et inexcusables. Dans tous les États, ayant réglementé le travail des enfants, dont les œuvres de protection des enfants et des familles possédaient des travailleurs sociaux « familiarisés avec l'existence du peuple, habitués à faire l'éducation minutieuse des familles, et doués de la patience nécessaire pour entreprendre ces adaptations, l'assimilation de ces exigences nouvelles se fit sans obstacles[5] ». Dans les parties du pays où ce travail quotidien n'est pas accompli avec patience et persévérance, il arrive qu'une loi, possédant un pouvoir social virtuel, n'ait pas plus de valeur qu'un effet protesté.

Cette expérience m'apprit à rechercher les rapports qui relient le service social des cas individuels aux réformes sociales. Bien souvent, sinon toujours, le service social des cas individuels a précédé et amené les mouvements de l'opinion publique en fournissant des observations pertinentes et des données précises. Puis, il a suivi l'opinion publique et *appliqué* les nouvelles règles aux cas individuels, à un moment où cette application était encore malaisée. Enfin se présente une dernière période où les recherches sociales sont nécessaires pour étudier certains aspects spéciaux du sujet, par exemple, dans l'application de la loi sur le travail des enfants, les métiers des rues, ou l'emploi des enfants dans les champs de betteraves. Cette étude devra souvent être continuée longtemps après que les remparts derrière lesquels se retranchent les préjugés et l'inertie, auront été enlevés d'assaut. Elle est poursuivie aujourd'hui par le Comité fédéral et les Comités nationaux pour la réglementation du travail des enfants, et ce serait une grande erreur de croire qu'aucune institution se consacrant au service social des cas individuels puisse remplacer ces organismes voués aux réformes sociales.

On prétend parfois que les travailleurs sociaux spécialisés dans les cas individuels s'occupent moins d'améliorer les conditions du travail des adultes que d'empêcher le travail des enfants. Il est vrai que l'application directe de leurs talents professionnels aux travailleurs adultes de l'industrie est très récente, mais, depuis de nombreuses années, ils essaient d'introduire les principes généraux de la justice industrielle dans leurs tâches journalières. Leur attitude vis-à-vis des « secours comme suppléments des salaires » en est un exemple, comme le démontre ce passage d'une allocution de Shelby M. Harrison sur *Les travailleurs sociaux dans un service des cas individuels et l'amélioration des conditions du travail industriel.*

5. Voir mon rapport *The Social Case Worker in a Changing World* dans les comptes rendus de la Conférence nationale des œuvres de charité (actuellement la Conférence nationale du service social) de 1915, p. 48.

> « On m'a conté récemment le cas d'un maçon qui s'était adressé à une des œuvres charitable de New York afin d'obtenir des secours. Il était étranger, et à ce moment, n'exerçait pas son métier habituel, mais travaillait comme porteur dans un des grands immeubles du bas de la ville. Il avait une famille nombreuse, et, comme il ne gagnait que douze dollars par semaine, ses enfants n'étaient pas suffisamment nourris. La question soumise au comité était de savoir ce qu'il fallait faire.
> Quatre propositions furent présentées au cours de la discussion : premièrement, ajouter au salaire une allocation familiale hebdomadaire et laisser l'ouvrier continuer son travail ; deuxièmement, agir sur le patron et faire élever le salaire de l'intéressé, qui aurait donc gardé le même emploi ; troisièmement, replacer l'homme en question dans son métier de maçon, où il aurait gagné davantage, l'œuvre s'engageant à subvenir aux besoins de la famille jusqu'au moment où elle serait remise à flot ; quatrièmement, trouver à ce travailleur un emploi plus lucratif en dehors de son ancien métier.
> On voit que n'importe laquelle des autres solutions valait mieux que la première… Au lieu d'adopter la décision simple et facile de suppléer au salaire du mari, ce qui était le seul moyen auquel avaient songé certains membres du comité, on rendit un service beaucoup plus grand à la famille, et on inculqua un principe important à ces membres du comité, en se basant sur le fait que « les conditions de l'industrie et les capacités personnelles sont loin d'être aussi peu élastiques » que la majorité d'entre nous le suppose.
> De l'étude consciencieuse de ce cas, je retirai aussi d'autres leçons. Elle me démontra que les travailleurs sociaux qui se consacrent aux cas individuels doivent s'intéresser à la mobilité de la main-d'œuvre, qu'ils doivent essayer de placer les ouvriers dans les emplois où ils réussiront le mieux, dans ceux où leurs salaires seront relativement les plus élevés, dans ceux où la vie est la moins chère. Le travailleur social qui se consacre aux cas individuels doit envisager ceux-ci par rapport à l'État ou au pays tout entier, et par conséquent connaître les nombreuses œuvres établies pour faciliter les échanges de main-d'œuvre. Il est possible qu'il y ait encore d'autres enseignements à tirer de ce cas, mais ce que j'ai dit suffit à montrer certaines des raisons pour lesquelles le traitement doit être largement conçu et à faire voir qu'un tel traitement contribue à enseigner des principes industriels fondamentaux[6]. »

Dans son travail, M. Harrison suggère quelques-unes des méthodes par lesquelles les travailleurs sociaux qui se consacrent aux cas individuels peuvent contribuer à l'éducation du public dans le domaine des questions industrielles. Ils y arriveront en gardant présentes à l'esprit, dans les cas qu'ils traitent, les données d'ordre industriel ; en démontrant dans leurs cours, au moyen d'exemples concrets, les principes fondamentaux relatifs au travail industriel ; en accordant à ce sujet l'importance qui lui revient dans les séances des comités qui examinent les cas individuels, ainsi que dans la presse et dans les réunions publiques. Les dossiers de ces cas peuvent, lorsqu'ils sont suffisamment nombreux, fournir des pistes intéressantes à ceux qui s'occupent de recherches dans le domaine du tra-

6. Harrison Shelby, Comptes-rendus de la Conférence nationale du service social de 1918, p. 305.

vail industriel ; ils peuvent aussi servir de base à des investigations qu'entreprendraient les œuvres qui s'occupent des cas individuels.

Lorsqu'un fonctionnaire est chargé de l'application d'une loi à laquelle aucun groupe politique influent ne s'intéresse, il trouvera souvent, que cette loi soit ancienne ou récente, son meilleur appui dans une œuvre de service social des cas individuels. Miss Edith Abbott écrit à ce propos :

> « Dans deux séances consécutives du comité des œuvres de charité associées de Chicago, nous eûmes à résoudre ce problème difficile d'aider la famille d'un tuberculeux, occupé à un travail léger. L'un de ces malades, je m'en souviens, était signaleur au chemin de fer aérien. L'idée vint à un membre du comité de s'informer des emplois qu'avaient occupés ces ouvriers, dans l'espoir qu'un de leurs anciens patrons serait disposé à leur rendre service. Depuis qu'ils étaient malades, ces deux hommes avaient fait par intermittence une série de besognes légères, mais il ressortit d'un rapport, présenté à une séance ultérieure du comité, que tous deux avaient contracté la tuberculose dans une même fonderie de l'Ouest de la ville, où ils avaient travaillé pendant de nombreuses années. Ce fait intéressant fut aussitôt communiqué au nouvel inspecteur général du travail, qui fit immédiatement une enquête dans l'établissement, et y constata de nombreuses infractions à la loi sur l'hygiène, la sécurité et le confort des travailleurs[7]. »

Une œuvre qui se consacre au service social des cas individuels ne peut rendre de meilleur service que de coopérer ainsi avec des fonctionnaires compétents mais surchargés de travail. Miss Abbott donne également dans son excellent rapport plusieurs exemples des interventions utiles auxquelles peuvent se livrer les assistantes sociales, quand les fonctionnaires publics font preuve d'inertie ou adoptent une attitude évasive.

Je n'en ai pas fait mention dans mon récit, mais lorsque Rupert Young s'adressa pour la première fois à une œuvre de protection familiale[8], ce fut pendant l'hiver de crise 1914-1915 : il était sans travail et demandait une aide matérielle. Après consultation avec ses anciens patrons, on lui accorda quelque assistance. Un peu plus tard, Rupert trouva du travail à demi-temps, et, pour se servir de l'expression traditionnelle des œuvres sociales « l'affaire fut classée ». On ne découvrit ni la véritable situation de la famille Young, ni les causes du manque d'adaptation qui agissaient à ce moment et devaient inévitablement entraîner de nouvelles difficultés. Cette lacune s'explique abondamment. La tâche de l'œuvre en question s'était accrue si rapidement pendant cette période critique, qu'il lui avait fallu se consacrer principalement à la distribution de secours matériels aux sans-travail, œuvre nécessaire, mais très peu satisfaisante pour le véritable travailleur social. À la fin de l'hiver, par suite de la demande artificielle de main-d'œuvre engendrée par la guerre, la situation industrielle s'améliora beaucoup plus rapidement que de coutume. La misère de Rupert et de sa femme fut de nouveau signalée à l'œuvre en juin 1915, et c'est alors que commença un véritable traitement social.

---

7. Abbott Edith, rapport sur *The social Case Worker and the Enforcement of Industrial Legislation*. Comptes rendus de la Conférence nationale du service social de 1918, p. 315.
8. Voir chapitre III.

Dans l'intervalle les affaires avaient repris, et le nombre des familles dont s'occupait l'œuvre avait fortement diminué : il fléchit de plus de 50 % au cours des deux années qui suivirent. À en juger par ces chiffres seulement, la moitié du travail accompli par cette œuvre pourrait paraître superflue, mais quiconque connaît le service social des cas individuels sait aussi que son action la meilleure et la plus constructive est rendue possible par cette amélioration de la situation générale. Je l'ai déjà dit, nul n'est plus désireux de voir le marché du travail se régulariser que les travailleurs sociaux voués au service des cas individuels. Ils le savent mieux que personne, les secours, si nécessaires qu'ils soient aux sans-travail, sont bien inférieurs à un vrai emploi rapportant un vrai salaire ; beaucoup des interventions les plus utiles du service social des cas individuels, telles que celles dont bénéficia la famille Young, doivent être abandonnées, faute de temps, pendant les périodes de chômage.

Peu avant l'armistice, un publiciste distingué, dont le nom est intimement associé à diverses réformes sociales, écrivit la lettre suivante qui est citée par miss J.-C. Colcord dans les procès-verbaux de la Conférence nationale du service social de 1919 :

> Pendant quatre années, nous n'avons pas eu d'immigration ; pendant deux ans, nous n'avons pas eu de chômage, hormis les chômages saisonniers. J'espère que vous préparez une enquête qui nous montrera :
>
> 1. De combien le travail des sociétés d'organisation de la charité (service familial des cas individuels) en a été réduit.
> 2. À combien nous pouvons évaluer la réduction additionnelle qui résultera de l'abolition de la vente des boissons alcooliques.
> 3. De combien ce total serait encore réduit par les réformes industrielles et les autres mesures sociales qui sont maintenant à l'étude.
> 4. Quel est le minimum irréductible (pour l'avenir immédiat) de l'activité des œuvres d'organisation de la charité[9].

À cette question on aurait pu répondre par l'histoire de Rupert Young et de tous les cas cités au chapitre III. On pourrait soutenir que, Rupert étant un buveur, la prohibition suffisait à résoudre le problème en ce qui le concerne. Mais étant données les conditions dans lesquelles la loi est appliquée aujourd'hui dans la ville qu'habite Rupert, il est certain que, seule, la prohibition n'aurait pas suffi à faire de lui un homme sobre ; même l'application stricte de la loi n'aurait pas répondu à ses besoins, bien que, certainement, elle eût exercé une action favorable. De plus, c'est une erreur d'appliquer une épreuve quantitative et de demander « combien ? » quand il s'agit du service social des cas individuels, du moins jusqu'au moment où nous saurons ce qu'il est, pourquoi il existe, quelles sont ses restrictions et ses possibilités. En ce qui concerne « les réformes industrielles et les autres mesures sociales actuellement à l'étude » auxquelles le publiciste en question faisait allusion, je me bornerai à dire comme miss Colcord, « plus il y en aura, mieux cela vaudra. » Le service social des cas individuels ne se pose en rival d'aucune de ces réformes, et il ne prétend en remplacer aucune.

---

9. Voir comptes rendus, p. 217.

L'influence réciproque des différentes branches du service social mériterait d'être étudiée plus complètement que je n'ai pu le faire, mais il semble évident que toutes ces branches s'entremêlent inextricablement dans le grand mouvement qui pousse au progrès social. Une de mes collègues, examinant un groupe de candidates à certains postes, exprima le regret de voir un trop grand nombre d'entre elles, nourries d'expressions stéréotypées, connaître mal la technique de la tâche qui les attendait. En réalité, il ne peut y avoir de progrès stable sans un souci attentif du détail, ni sans respect pour l'habileté professionnelle. Malheureusement, un certain mépris de la technique se cache souvent derrière l'emploi facile de formules séduisantes et de phrases ronflantes. D'autre part, le travailleur professionnel qui, dans n'importe quel domaine, a suffisamment d'imagination pour traiter d'une manière efficace les situations concrètes, pour les analyser et les « coordonner sans faire d'abstraction » est probablement aussi celui qui les envisagera avec la conception la plus large. Les grands maîtres de la technique, comme Osler en médecine et Pasteur en chimie, ont eu une conscience très vive des rapports de la partie avec le tout.

Profession récente, le service social doit s'efforcer de garder l'équilibre entre les tendances spécialisatrices et les tendances généralisatrices. Ses écoles doivent formuler une technique solide, enseignée sous la direction de professeurs connaissant d'expérience personnelle la pratique de ses différentes spécialités. Une forte organisation professionnelle de caractère national, doit être à même d'unir étroitement toutes les branches du service social et d'agrandir par un effort constant le champ si bien cultivé déjà qui leur appartient en commun.

11. LE SERVICE SOCIAL DES CAS INDIVIDUELS ET LA DÉMOCRATIE

Dans *Middlemarch*[1], le Dr Lydgate s'exprime comme suit au sujet de son travail : « Je n'aurais jamais trouvé de satisfaction dans l'exercice d'une profession qui n'aurait pas exigé un effort intellectuel considérable, et qui ne m'aurait pas assuré un contact intime avec mon prochain. » Cette opinion est aussi celle que les travailleurs sociaux qui se consacrent aux cas individuels ont de leur tâche. Leur profession est ardue, mais elle demande de quiconque l'exerce l'effort intellectuel le plus considérable qu'on puisse donner, et, d'autre part, ses relations avec le côté humain de la vie, intenses et continues, fournissent une riche récompense.

Dans certaines œuvres de protection familiale et de protection de l'enfance, on entreprit, il y a bon nombre d'années, de créer pour les familles désavantagées et pour les enfants indépendants une méthode de traitement tenant mieux compte que jadis des possibilités personnelles et sociales. Des travailleurs sociaux s'attelèrent à cette tâche avec le courage et le dévouement habituels aux pionniers. Ils voulaient simplement s'employer de leur mieux en faveur de leurs clients X, Y, Z ; leur seul objectif était d'assurer un traitement équitable à ces individus socialement désavantagés. Marchant consciencieusement vers ce but légitime et nécessaire, ils ne savaient pas qu'ils aidaient en même temps à poser quelques-unes des bases de la justice essentielle à la démocratie de l'avenir.

À la lumière de l'expérience acquise, le service social des cas individuels, tel qu'il fut pratiqué au début, nous paraît souvent rudimentaire, mais les travailleurs sociaux modernes ne doivent pas perdre de vue que leur propre labeur, tout en favorisant actuellement des découvertes nouvelles, pourrait bien un jour produire la même impression défavorable sur leurs successeurs. Ce n'est pas avec plus de dévouement, c'est avec plus de clairvoyance peut-être qu'ils devraient attaquer chacune des difficultés qu'ils rencontrent et la situer dans l'ensemble

1. George Eliot, *Middlemarch*, New York, Harper Brothers, 1872.

des fins sociales. Ce sens de l'ensemble du travail social, auquel j'ai fait allusion plus d'une fois, est susceptible de devenir maintenant une réalité toujours présente à l'esprit.

Une partie importante de cet ensemble est constituée par le rôle que peut jouer le service social dans le domaine de l'administration publique. Il ressort clairement de ce qui a été dit des caractéristiques individuelles au chapitre VI, et du bref aperçu des différents champs d'action du service social, donné au chapitre X, que dans chacune des branches de l'action sociale on doit considérer comme l'un des buts principaux le renforcement de l'action des services publics. Mais si l'on mettait une hâte inconsidérée à se diriger dans cette voie et à faire reprendre par le gouvernement les tâches spéciales du service social, il pourrait ne nous en rester finalement que la forme, sans le fond. Comme j'en arrive à la fin de cet examen préliminaire du service social des cas individuels, je voudrais ajouter quelques mots à ce qui a été dit déjà des rapports du service social, et plus spécialement du service social des cas individuels, avec la démocratie.

Périodiquement, la contestation des lacunes des services publics, unie à une conception étroite de la démocratie, inspire à telle ou telle personne l'idée que toutes les opérations du service social devraient être absorbées par l'État. D'autre part, certains d'entre nous, estimant que l'État représente seulement une des formes souhaitables d'association dans une société libre, et que le droit de s'associer volontairement, constitue une protection contre l'autocratie, considèrent sans enthousiasme la perspective de placer sous l'égide de l'État un ensemble de fonctions aussi étendues et aussi variées ; nous reconnaissons cependant qu'il peut être nécessaire de changer de temps à autre les auspices sous lesquels fonctionne et progresse une forme donnée de service social, par exemple le service social des cas individuels. Cela signifie probablement et cela devrait signifier que certains types de service social des cas individuels, créés par l'initiative privée et dirigée actuellement par elle, relèveront plus tard des services publics. Mais, qu'il en soit ainsi ou non, tous seront d'accord pour reconnaître que le point important est de préparer le service social à la reprise par l'État avant que celle-ci ne se produise. Parfois, comme nous avons déjà eu l'occasion de le constater, les services publics et les institutions publiques ont adopté, mais en apparence seulement, les méthodes du service social des cas individuels, soit qu'on ne disposât pas à ce moment de personnel qualifié, soit qu'il ait été impossible de limiter la tâche à accomplir. Faute de cette limitation, le nombre des clients à traiter ne permet qu'un travail de qualité inférieure et ne conduit pas à des résultats permanents. Tel n'a pas toujours été le cas, mais ceux-là même qui désirent le plus sincèrement l'extension du service social des cas individuels, par les pouvoirs publics comme par l'initiative privée, souhaitent ardemment que chaque pas en avant se fasse dans des conditions garantissant un résultat favorable.

Quels que soient les auspices sous lesquels le service social des cas individuels se développera dans l'avenir, le respect de la personnalité restera essentiel. Ce respect implique un point de vue démocratique. Le service social des cas individuels ne peut progresser sous la direction de personnes ayant un esprit autocratique. Mais évitera-t-on cet esprit autocratique en transformant, du jour au lendemain, toutes nos œuvres sociales en bureaux publics ? Nous continuerons à avoir besoin, non pas d'une forme de direction plutôt que de l'autre, mais de toutes les deux, à moins qu'une troisième éventualité ne se produise, à savoir que certains travailleurs sociaux se créent une clientèle privée et indépendante. Pour que les travailleurs sociaux spécialisés dans le service des cas individuels entrent volontiers et en grand nombre au service des pouvoirs publics, il faut que ceux-ci donnent quelque assurance de continuité dans les méthodes suivies et quelque garantie d'indépendance vis-à-vis des partis politiques. Cette condition remplie, il se peut que, transformées en services publics, certaines formes du service social des cas individuels fassent des progrès plus considérables. Elles serviront assurément une clientèle plus nombreuse que sous une direction privée. D'autre part, les œuvres entretenues par des ressources privées, qui donnent déjà des garanties suffisantes de continuité dans les méthodes, doivent chercher à attirer les travailleurs sociaux d'élite, en leur accordant une représentation plus large dans leurs conseils d'administration.

La démocratie, toutefois, n'est pas une forme d'organisation ; c'est une habitude quotidienne. Il ne suffit pas que les travailleurs sociaux parlent le langage de la démocratie ; avant qu'ils puissent être aptes à une forme quelconque de service social, il faut qu'ils portent dans leur cœur la conviction spirituelle de la valeur infinie que représente notre caractère commun d'êtres humains. La vie elle-même acquiert sa signification et sa portée non point par la possession de biens ésotériques, apanage de quelques privilégiés, mais par les grandes expériences communes à toute la race : la naissance et la mort, l'affection satisfaite et l'affection contrariée, les risques et les hasards que l'existence quotidienne réserve à tous les êtres humains. À moins que cette condition commune à toute l'humanité n'ait pour nous un attrait supérieur, et aussi longtemps que nous n'éprouvons pas cet attrait, nous ne sommes pas préparés à faire du service social des cas individuels le pivot de notre existence.

Au printemps de chacune de ces onze dernières années, j'ai eu le privilège de diriger des réunions d'études que fréquentaient des assistantes sociales professionnelles, attachées à diverses œuvres de protection familiale du pays. Comme durant cette période ces groupes ont toujours été choisis sur la même base, les changements survenus en onze ans parmi les participants donnent un indice approximatif, mais impartial, de l'état du service social des cas individuels dans les œuvres de protection familiale. Les meilleurs éléments du cours de 1921 n'étaient pas supérieurs à l'élite du cours de 1910, mais le fossé qui sépare les plus habiles des moins habiles s'est rétréci. Au cours de ces dernières années, le groupe entier s'est distingué par ses capacités et par l'esprit qui l'animait, et celle qui l'a dirigé peut certifier que l'esprit démocratique ne lui fait pas défaut.

Autre point intéressant à noter dans le domaine du service social professionnel : on demande un nombre sans cesse croissant de travailleurs bien préparés au service social des cas individuels, qu'il s'agisse de la protection de l'enfance, de la protection familiale ou du service médico-social. Pour certaines branches du service social, il y a eu des fluctuations dans le nombre des postes offerts, selon que les temps étaient plus ou moins difficiles, ou que l'on traversait une période de guerre ou de paix. Mais le total des places disponibles continue à dépasser de beaucoup celui des assistantes sociales capables d'accomplir un bon travail.

Ce qui est aujourd'hui d'une importance suprême, ce n'est pas, comme on pourrait le croire, l'extension du champ d'action du service social des cas individuels, bien que cette extension soit éminemment désirable ; ce n'est pas non plus le point de savoir si ce service doit être actuellement alimenté par les deniers publics ou par des contributions volontaires : c'est la question d'assurer à ce service la liberté de se développer, la liberté de faire de nouvelles découvertes par un travail intensif. Ce travail intensif et prolongé, dont j'ai essayé de donner quelques exemples dans ce livre, porte en lui les germes du développement futur. Il contient les éléments d'une connaissance plus grande de ce matériel humain que nous traitons d'une façon si aventureuse, d'une connaissance plus approfondie des relations de l'homme avec la société. Les applications les plus larges du service social des cas individuels à la vie ne peuvent jamais que suivre, et non précéder, les découvertes des meilleurs praticiens de cet art, et ces découvertes, quelle que soit leur valeur actuelle, sont seulement les prémices de ce qui promet d'être une moisson abondante.

Il résulte de ces considérations que l'une des plus grandes ressources encore inemployées que l'on puisse mettre au service de l'humanité pour stimuler le progrès social, consiste à doter ceux qui, dans le domaine du service social, ont fait preuve d'aptitudes spéciales. Je ne demande pas qu'on crée une fondation permanente, mais je voudrais qu'une somme élevée fût employée par notre génération à libérer du fardeau d'une besogne trop lourde ceux des travailleurs sociaux spécialisés dans le service des cas individuels qui auraient fait leurs preuves et auraient montré des facultés exceptionnelles ; on leur permettrait ainsi de fournir un travail d'une qualité supérieure. Un petit groupe d'étudiantes (quatre à la fois, au plus) pourrait faire un stage sous la direction de ces chefs, qui noteraient soigneusement les résultats des différentes méthodes employées et les conditions dans lesquelles on en aurait fait usage.

Les six femmes qui ont accompli le travail décrit dans les chapitres II et III vivent dans des villes différentes. La plupart d'entre elles ne se connaissent pas et n'ont jamais entendu parler les unes des autres. Actuellement, elles ne disposent point des loisirs nécessaires pour réfléchir, pour étudier, pour se tenir au courant de ce qui se fait ailleurs. Tout leur temps se passe à venir à bout du travail considérable que, chaque jour leur apporte. Libérer de certaines besognes secondaires des travailleurs sociaux et dévoués, doubler leur utilité en diminuant de moitié leur travail présent, ce serait leur permettre de bâtir pour la profession entière un fonds solide d'expérience et de connaissance approfondies, ce serait enrichir en un point stratégique les ressources sociales du monde.

Les dernières conquêtes du service social des cas individuels sont significatives et encourageantes. Elles ont été faites en dépit d'obstacles formidables. La foi et le courage qui les ont inspirées méritent d'être reconnus de la manière qui vient d'être suggérée, et qui a déjà porté en médecine des fruits si abondants. On est unanime à admettre que la dotation de sujets particulièrement doués, tant dans le domaine des recherches scientifiques que dans celui de l'enseignement, constitue un moyen de servir la collectivité d'une manière profitable à tous. De telles dotations, consenties en faveur de personnes qui se consacrent à l'étude et à l'adaptation pratique des relations sociales, seraient utiles, non seulement à certains groupes désavantagés au point de vue social, mais à l'humanité tout entière.

On nous dit que la loi n'a pas de considération pour l'individu ; qu'il en soit ainsi ou non, nous commençons lentement à comprendre que ceux qui sont chargés d'appliquer les lois doivent apprendre à en interpréter l'esprit par le respect de la personnalité, et cela non seulement dans les tribunaux, mais partout où l'on doit veiller à ce que les lois soient appliquées conformément à leur esprit. Chaque fois que les mandataires de la société ignorent les circonstances qui entravent ou développent la personnalité, chaque fois qu'ils omettent d'étudier les différences individuelles et d'en tenir compte, chaque fois qu'ils traitent les choses inégales d'une manière égale, la divergence entre l'intention de la loi et son application devient si grande, qu'intention et interprétation semblent souvent s'éloigner l'une de l'autre comme des bateaux qui se croisent dans la nuit. On ne pourrait mieux servir la cause du progrès social qu'en assurant au pays, par une série de découvertes dans le domaine social et par une formation meilleure, une nouvelle génération d'administrateurs capables d'adapter la volonté publique aux circonstances individuelles.

12. CONCLUSIONS

Je vais essayer de résumer en quelques paragraphes le sujet dont je me suis attachée à faire une description introductive dans les pages qui précèdent.

Des exemples du service social des cas individuels nous ont montré que par une compréhension directe et par une compréhension indirecte, par une action directe et par une action indirecte sur la mentalité des clients, on peut améliorer les relations sociales de ceux-ci et développer leur personnalité.

La compréhension implique une connaissance de la constitution innée de l'individu et de l'influence exercée sur lui par son milieu. L'assistante sociale qui n'arrive pas à connaître les antécédents sociaux et personnels de son client, ne parvient généralement point à effectuer une réadaptation permanente. Le mécanisme du diagnostic et celui du traitement exercent l'un sur l'autre une action réciproque; il est impossible de tracer entre eux une ligne de démarcation bien définie.

L'action du travailleur social va des services les plus humbles, guidés par l'affection, la patience et la sympathie personnelle, jusqu'aux mesures les plus radicales, telles qu'un changement complet de milieu, l'organisation de ressources qui faisaient totalement défaut, et la restauration de liens brisés depuis longtemps. Il faut éviter le formalisme. Le système qui conduit le plus sûrement au succès dans le service social des cas individuels consiste à encourager et à stimuler le client, à obtenir sa participation la plus complète dans tous les projets qui le concernent, et à réitérer habilement les conseils et les avis. L'on usera, dans certains cas, d'avertissements, et l'on instituera une discipline, mais on veillera toujours à exercer une action directe, de mentalité à mentalité. Un des traits les plus caractéristiques du service social des cas individuels est la multiplicité des voies par lesquelles on se ménage un accès auprès des clients en vue de les réunir avec ceux dont ils sont séparés, de créer des liens, d'opérer des réadaptations. Le travailleur social qui s'occupe du service des cas individuels n'est cependant pas une sorte d'intermédiaire bénévole. S'il est vrai qu'il agit par d'autres spécialistes, par d'autres œuvres et par l'entourage social de son client, il n'en est pas moins exact qu'en effectuant des rapprochements, il est loin de se désintéresser des conséquences qui en résultent ; au contraire, il est profondément soucieux d'élaborer, avec toutes les personnes en cause, un programme d'action commune qui puisse amener le résultat social désiré. C'est précisément la combinaison de toutes les interventions que nous venons d'énumérer, et non pas seulement une ou deux d'entre elles, qui marque du sceau professionnel le service social des cas individuels.

Aucun travailleur social s'occupant du service des cas individuels n'est tenu d'adopter la philosophie d'un autre, mais il doit nécessairement en posséder une. Les bases essentielles d'une telle philosophie ont été indiquées dans ce livre ; j'admets pleinement la possibilité que d'autres, plus fondamentales peut-être, soient bientôt découvertes. Récapitulons les bases que j'ai suggérées, sans souci de leur donner une formule précise :

1. Les êtres humains sont interdépendants. Il y a dans cette conception une unité spirituelle d'une signification profonde pour ceux qui en ont compris toute la portée et qui tâchent d'y conformer leur vie. Le professeur Maciver nous dit que « la société la mieux ordonnée est celle qui développe le mieux la personnalité de ses membres ». La réciproque est vraie également. On acquiert de la personnalité en ayant avec la société les relations nécessaires ; on ne peut l'acquérir autrement. L'art du travailleur social qui se consacre au service des cas individuels consiste à découvrir les rapports sociaux qui conviennent le mieux à un individu, et à les lui procurer.

2. Les êtres humains sont différents les uns des autres. Un programme social véritablement démocratique égalise les possibilités de tous par une action intelligente « en gros » et instaure en même temps une politique administrative qui traite différemment les cas différents, et fait dans ce but appel au concours d'agents différents.

3. Les êtres humains ne sont pas des animaux domestiques dépendants. Cette différence entre l'homme et les autres animaux rend nécessaire sa participation à l'élaboration et à l'exécution des plans tendant vers son bien. Les individus possèdent une volonté et des buts qui leur sont propres, et ils ne sont pas faits pour remplir un rôle passif dans la vie ; la passivité les diminue.

Peut-être est-ce pour cette raison que, si l'on veut leur voir jouer un rôle utile dans la société, il faut préparer les hommes et les femmes, d'une manière particulièrement attentive, à ce réseau de relations réciproques que nous appelons la vie. On ne peut les préparer en gros. Étant donné que la formation d'un être social exige du temps et une attention minutieuse, la famille est l'institution sociale généralement choisie pour les débuts de cette tâche, et c'est dans la famille que se firent les premiers essais d'adaptation qui caractérisent le service social des cas individuels. L'atelier est un autre centre, où les méthodes du service social des cas individuels sont destinées à effectuer des changements favorables, bien que l'introduction de ce service y soit récente et que son développement y reste encore incomplet. Partout où le service social des cas individuels devient l'auxiliaire utile d'une autre profession plus ancienne, notamment dans ces institutions sociales qui sont l'école, l'hôpital et le tribunal, ses praticiens doivent, plus encore qu'ailleurs, connaître à fond leur propre spécialité avant de tenter de compléter le travail d'autres spécialistes.

L'ensemble du service social est plus grand qu'aucune des parties qui le compose. Toutes ces parties sont au service de la personnalité, mais elles la servent de diverses manières. Le service social des cas individuels la sert en effectuant des adaptations meilleures entre l'individu et son milieu social ; le service social collectif la sert en agissant directement sur les individus, mais sans les prendre un à un ; les réformes sociales la servent en améliorant « en gros » la situation des masses par la propagande et par la législation sociale ; enfin, les recherches sociales servent la personnalité par des découvertes originales et par la réinterprétation des faits connus à l'usage des autres branches du service social. Le travailleur social qui se consacre au service des cas individuels devrait avoir quelque connaissance de toutes ces branches – plus il les connaîtra, mieux cela vaudra – et il devrait exécuter sa tâche spéciale de façon à en faire profiter toutes les branches du service social dont nous venons de faire l'énumération.

Enfin, le criterium le plus concluant du service social des cas individuels réside dans le développement de la personnalité. La personnalité des clients évolue-t-elle, et évolue-t-elle dans la bonne direction ? Donne-t-on libre essor à leur énergie et à leur initiative, afin qu'ils acquièrent des besoins plus élevés et meilleurs, des relations sociales plus saines ? Seuls un respect instinctif de la personnalité et un vif intérêt pour les hommes, comme créatures humaines, permettra au travailleur social de répondre affirmativement à cette question. S'il le peut, c'est que sa propre personnalité s'en sera accrue d'autant. Le service aura donc été réciproque.

INDEX

TABLE DES MATIÈRES

POLITIQUES *ET* INTERVENTIONS *SOCIALES*

Collection dirigée par
Cristina De Robertis, Éliane Leplay et Henri Pascal.

La collection Politiques et interventions sociales *se propose de favoriser la transmission des savoirs professionnels du travail social et la diffusion d'informations sur les politiques sociales. Conçue comme un instrument de formation permanente pour les professionnels du travail social, les décideurs et tous les acteurs du secteur social, elle vise également à contribuer à l'élaboration de nouveaux savoirs dans ce domaine.*

Rina Dupriet, Jacques Ladsous, Dominique Leroux, Michel Thierry
La lutte contre l'exclusion – Une loi, des avancées, de nouveaux défis

Françoise F. Laot (dir.)
Doctorats en travail social – Quelques initiatives européennes

Françoise F. Laot (dir.), Dominique Pierrelée (trad.)
Doctoral Studies in Social Work – European Initiatives

Fondation de France
Les accompagner jusqu'au bout du chemin – L'accueil des personnes handicapées mentales vieillissantes

Jean-Yves Barreyre, Jean-Philippe Marty (ANCREAI) (dir.)
L'observation dans le secteur médico-social – Enjeux et méthodes

Conseil supérieur du travail social – Avant-propos de Philippe Cholet
L'intervention sociale d'aide à la personne

FIAS, ANAS
Préface de Guy Aurenche – Introduction de Christine Garcette
Droits de l'homme et travail social

Annick Mallet, Marie-Cécile Milliat – Préface de Jean-Baptiste de Foucauld
Introduction à l'Europe sociale

Manuels

John Ward (dir.)
Guide de l'épreuve de situation sociale

Claudine Bolla-Scotto, Marcelle Orsoni
La synthèse de dossier en travail social, 2e édition

Pascal Lievre (dir.) – Préface de J.-M. Barbier, professeur au CNAM
Manuel d'initiation à la recherche en travail social – Construire un mémoire professionnel

Conception et Mise en page : Éditions ENSP
Maquette couverture : V. Hélye
Achevé d'imprimer sur les presses
de Calligraphy Print
Dépôt légal : juin 2002